KB090426

개정판

LEISURE
& RECREATION

현대사회의
여가와 레크리에이션

김성희 · 심상신 공저

(주)백산출판사

▌ 머리말

　현대사회는 대중여가시대로 변화되면서 일에 대한 가치관과 여가에 대한 인식이 현대인의 삶의 방식을 바꾸고 있다. 이러한 사회현상으로 다양한 형태의 여가문화가 생겨나고 여가관련 상품도 개발되면서 현대인들의 여가소비에 의한 경제적 효과도 지대하다고 볼 수 있다. 국민소득과 여가시간의 증대로 인하여 나타나는 다양한 형태의 여가산업의 변화는 고용창출은 물론 소비지출로 인한 경제적 효과, 게임, 스포츠, 외식, 관광 등 다양한 산업의 발달과 연계되어 국민의 여가생활 확대와 더불어 삶의 질이 높아질 것으로 예측되고 있다.

　또한 여가문화의 정착을 위해서는 현대인들의 여가 능력을 높여주고, 건강한 여가 라이프스타일을 갖도록 하여, 행복한 삶을 영위하도록 돕기 위한 여가교육과 여가서비스 프로그램의 개발이 수반되어야 할 것이다.

　이렇게 변화하는 여가산업의 현상을 감안하여 이 책은 여가와 레크리에이션 분야의 전공자와 일반학생들에게 좀 더 쉽게 접근하고 이해할 수 있도록 집필하였으며, 이로 인하여 여가에 대한 긍정적이고 보다 적극적인 인식의 변화에 도움을 주고자 한다.

　이 책은 여가 및 레크리에이션과 관련된 이론을 중심으로 총 12장으로 구성되어 있다. 제1장은 여가의 이해로 여가의 어원, 여가의 개념, 여가의 정의 등을 다루었으며, 제2장은 레크리에이션의 이해로 레크리에이션의 어원, 개념, 정의, 관계 등을 설명하였다. 제3장은 여가 및 레크리에이션의 유사개념으로 놀이와 게임, 생활체육의 내용을 다루었다. 제4장은 외국의 레크리에이션 현황, 제5장은 현대사회와 레크리에이션으로 현대사회의 특징과 레크리에이션의 필요성에 관한 내용을 다루었다. 제6장 청소년 선도와 레크리에이션에서는 청소년의 심리, 청소년을 위한 레크리에이션 프로그램을, 제7장 야외교육 및 야외활동에서는 야외교육의 개념과 야외활동 계획을, 제8장 여가교육의 이해에서는 여가교육의 개념, 여가와 교육의 관계, 여가교육의 필요성, 여가프로그램 기획으로 나누어 설명하였으며, 제9장은 치료레크리에이션의 이해로 치료레크리에이션의 개념, 필요성, 특징 및 과정으로 구성하였다. 제10장은 레크리에이션 리더십의 이해로 지도자의 개념 및 임무, 지도자의 자질, 리더십의 정의 및 이론을, 제11장은 여가와 관광으로 관광의 개념, 문화 관광축제, 위락관광자원, 관광마케팅을, 제12장은 디지털 시대의 여가로 디지털 사회의 특징과 여가, 여가의 순기능과 역기능을 다루었다.

　향후 수정되어야 할 부분과 오류 및 부족한 부분은 계속 보완·발전시켜 나갈 것임을 약속드리겠습니다.

　끝으로 저에게 항상 힘이 되어준 가족에게 감사하며, 집필에 도움을 주신 김은숙 교수, 박선기 교수께도 진심으로 감사드립니다. 또한 이 책의 출간을 흔쾌히 허락해 주신 (주)백산출판사의 진욱상 사장님을 비롯한 편집부 여러분의 노고에 진심으로 감사드립니다.

2020년 봄
저자 일동

▋ 차례

제1장 │ **여가의 이해** ··· 9
제1절│여가의 어원 • 11
제2절│여가의 개념 • 12
제3절│여가의 정의 • 14

제2장 │ **레크리에이션의 이해** ··· 19
제1절│레크리에이션의 어원 • 21
제2절│레크리에이션의 개념 • 22
제3절│레크리에이션의 정의 • 24
제4절│여가와 레크리에이션의 관계 • 26

제3장 │ **여가 및 레크리에이션의 유사개념** ················· 27
제1절│놀이 • 29
제2절│게임 • 37
제3절│생활체육 • 38

제4장 │ **외국의 레크리에이션 현황** ································ 43
제1절│일본의 레크리에이션 • 45
제2절│영국의 레크리에이션 • 47
제3절│미국의 레크리에이션 • 48

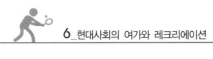

제5장 **현대사회와 레크리에이션** ···································· **53**
제1절┃현대사회의 특징 • 55
제2절┃현대사회에 있어서 레크리에이션의 필요성 • 58

제6장 **청소년 선도와 레크리에이션** ···························· **61**
제1절┃청소년의 심리 • 63
제2절┃청소년을 위한 레크리에이션 프로그램 • 65

제7장 **야외교육 및 야외활동** ···································· **69**
제1절┃야외교육의 개념 • 71
제2절┃야외활동 계획 • 77

제8장 **여가교육의 이해** ·· **89**
제1절┃여가교육의 개념 • 91
제2절┃여가와 교육의 관계 • 92
제3절┃여가교육의 필요성 • 93
제4절┃여가프로그램 기획 • 96

제9장 **치료레크리에이션의 이해** ································ **113**
제1절┃치료레크리에이션의 개념 • 115
제2절┃치료레크리에이션의 필요성 • 117
제3절┃치료레크리에이션의 특징 및 과정 • 118

| 제10장 | **레크리에이션 리더십의 이해** | 121 |

제1절 │ 지도자의 개념 및 임무 · 123
제2절 │ 레크리에이션 지도자의 자질 · 124
제3절 │ 리더십의 정의 및 이론 · 127

| 제11장 | **여가와 관광** | 131 |

제1절 │ 관광의 개념 · 133
제2절 │ 문화 관광축제 · 138
제3절 │ 위락관광자원 · 145
제4절 │ 관광마케팅 · 146

| 제12장 | **디지털 시대의 여가** | 163 |

제1절 │ 디지털 사회의 특징과 여가 · 165
제2절 │ 여가의 순기능과 역기능 · 167

■ 참고문헌 · 173

■ 부 록 · 175
 · 1 │ 레저헌장 전문 · 177
 · 2 │ 심성개발프로그램 · 180

제 1 장

여가의 이해

제1절 | 여가의 어원
제2절 | 여가의 개념
제3절 | 여가의 정의

제 1 장 여가의 이해

제1절 여가의 어원

　여가의 어원은 그리스어인 스콜레(Schole)와 라틴어인 리케레(Licere)에서 찾을 수 있다. 그리스어인 스콜레는 여가, 학술토론이 열리는 장소란 뜻이며, 오늘날 이 용어가 영어의 School 또는 Scholar란 뜻으로 바뀌었다. Schole는 '남는 시간(spare time)' 혹은 '자유시간(free time)'을 의미하며, 여기서 '남는' 혹은 '자유'라는 뜻은 시간에 대한 개념보다는 어떤 의무로부터 해방되어 아무런 구속이 없게 되었다는 '상태'를 더 강하게 내포하고 있다. 라틴어인 Licere는 '자유롭게 되다(to be free)', 혹은 '허락되다(to be permitted)' 등을 뜻하는 말로서 이것의 어원은 당시 노동을 직분으로 하였던 하류층들은 항상 시간적 여유가 없는 상태였고, 노동할 필요가 없었던 귀족층은 늘 자유롭고 무엇이든지 할 수 있는 상황이었다. 즉 상류계급에 속한 사람들은 언제든지 마음대로 지적, 문화적 혹은 사회적인 활동에 참여할 수 있었던 것이다. 따라서 이 말은 당시의 여가란 귀족에게만 허용되었다는 것을 뜻한다고 볼 수 있겠다(Kraus, 1975).

제2절 | 여가의 개념

여가는 노동과 대비적 관계에 있으며, 구속을 받지 않는 자유로운 시간이라고 할 수 있다. 우리가 흔히 쓰는 말로서 '겨를', '틈'이라고도 한다. Webster사전에 의하면 여가를 '한가로움', '직업활동으로부터 벗어난 자유(freedom from necessary occupation)', '한가한 시간(spare time)'이라는 뜻으로 해석되고 있으며, 학자들의 견해를 다음의 세 가지로 구분하였다.

1. 고전적인 견해

여가에 대한 고전적인 해석은 그리스의 Aristotle로부터 주장되었다. 그리스의 철학자인 Aristotle는 인간생활을 양분하여 '일'과 '여가' 혹은 '전쟁'과 '평화' 등으로 구별하였으며, 그리고 개념에 대하여 다음과 같이 말하였다.

> "인생은 두 갈래로 갈린다. 즉 일(work)과 여가, 혹은 전쟁과 평화로 볼 수 있으며, 전쟁이란 평화를 위한 것이어야 하고, 일은 여가를 위한 것이어야만 한다. 여가와 평화가 더 나은 것이지만, 일과 전쟁에도 관여를 하게 된다. 통치자들은 군의 관리나 그 밖의 일들을 하는 데 있어서 여가에 대비하기 위해서, 그리고 평화를 위하여 그 목적을 가져야 한다."

즉 Aristotle가 주장했던 여가의 한 예를 들어보면 정치, 혹은 철학적인 토론, 예술에 대한 추구, 음악에의 심취, 명상 등과 같이 활동에서 오는 심오한 경지 또는 즐거움 같은 것으로 표현하였다. 그러나 사실상 이러한 여가는 그리스의 모든 사람들에게 가능한 것은 아니었다. 하류계급의 사람들은 노동을 위주로 하였기 때문에 여가는 상류층에게만 부여된 특권이라고 볼 수 있으며, 그들은 언제나 이러한 행동에 몰입할 수 있었던 것이다. 따라서 귀족들의 소유였던 여가는 가치 있는 것이고, 하류층이 담당했던 노동은 가치가 없다는 이원론적인 인생관이 당시의 그리스사회를 지배하고 있었다는 사실도 지적할 수 있다.

Grazia(1962)는 그의 저서 *Of Time, Work and Leisure*(노동과 여가, 그리고 시간에 관하여)를 통하여 여가, 노동, 자유시간, 그리고 레크리에이션, 놀이에 이르기까지 상당히 세밀한 분석을 시도하였다. 그는 여가를 Aristotle가 말한 대로 활동을 통한 심적인 상태로 간주하였고, "여가가 무엇인지를 알지 못하면 여가라는 것이 존재할 수 없으며, 여가를 사용할 줄 모르면 한 국가의 평화와 번영도 위험할 수 있다"라고 한 그의 말로 미루어 그가 얼마나 여가를 중대시했는가를 짐작할 수 있다. 사실 이러한 극단의 예는 인류의 역사 중에서도 지적될 수 있다. 여가에 대한 남용과 오용은 후기 로마제국을 멸망하게 한 이유 중의 하나가 되었다는 사실은 많은 역사가들의 증언을 통해 알 수 있다. 또한 그는 여가와 자유시간(free time)을 엄격히 구별하였으며, 인간에게 남은 시간(free time)이 있다고 해서 그것이 곧 여가가 될 수는 없으며, 그 남는 시간을 Aristotle가 말한 대로 명상이나 예술의 추구 등과 같이 심오한 경지를 맛볼 수 있게 사용할 줄 아는 사람은 많지 않다는 것이다. 따라서 자유시간은 인간 모두에게 가능한 것이지만 여가의 진정한 의미를 경험한다는 것은 상당히 어려운 일이라고 주장하였다.

2. 활동으로서의 여가

여가를 자유시간 중에 행하는 활동 그 자체로 해석하는 견해는 Dumazedier(1960)에 의해 주장되었다. 그는 주로 여가의 근본기능을 휴식(relaxation), 여흥(entertainment), 그리고 개인적인 발전(personal development) 등으로 구분하면서 다음과 같이 여가를 정의하였으며, 여가를 활동 자체에 목적을 갖는 것이라고 설명하였다(Kraus, 1975).

"여가는 사회적으로나 가정, 혹은 노동에 대한 책임에서 벗어난 활동이며 참가자의 의의에 따라, 휴식, 기분전환, 지식의 확대, 자발적인 사회활동에의 참가, 또 개인의 창조에 대한 가능성을 자유롭게 구사할 수 있는 활동이다."

3. 자유시간으로의 여가

여가를 '자유시간', '비의무적인 시간', 혹은 '자의로 선택한 시간' 등으로 해석하는 견해는 비교적 현대적인 경향이라 할 수 있고, 또 오늘날 여가를 규정하는 가장 보편화된 방법이라고 볼 수 있다.

Neulinger(1981)에 의하면 "여가는 노동, 수면과 아울러 기타 필요한 활동으로부터 벗어난 자유시간에 관련되고 있다"고 하였으며, 즉 "여가는 어떤 활동을 하는 기회며, 여가는 활발한 활동이든 활발치 않은 활동이든 간에 일상생활의 필요성에 의해서 요구되는 것은 아니다"라고 하였다. Kaplan(1960)에 의하면 여가는 "일에서 해방된 시간, 자유시간, 나 자신의 시간, 자기의 취미를 즐길 수 있는 시간, 휴양" 등이라고 하였다.

제3절 ı 여가의 정의

학자들의 개념분류에 따르면 여가의 정의를 내리는 데 있어서는 그 시대의 문화적, 환경적 요소에 따라 차이가 있음을 알 수 있었으며, 학자들의 개념규정에 의한 여가의 정의에 대하여 살펴보면 다음과 같다.

> "여가는 근본적으로 시간의 한 단위이다. 여가가 암시하는 많은 의미 중 여가는 강제성이 최소한으로 줄어든 것이라는 것을 우리는 잊어서는 안 된다. 이 관념은 우리가 꼭 해야만 하는 일이나, 그런 일들을 준비하는 단계에 있는 시간과 반대되는 관념이다"라고 하였다(Brightbill, 1960).
>
> "여가는 노동이나 노동에 관계되는 일, 또는 개인의 보존을 위해 사용되지 않는 개인 시간의 일부이다. 그렇기 때문에 여가는 임의적인 시간, 혹은 비의무적인 시간이라고 부를 수 있다"라고 하였다(Kraus, 1975).

이상과 같은 여가에 대한 해석은 여가란 원칙적으로 시간을 구분하는 한 방법이며, 노동이나 기타 생계유지를 위해 필수적인 활동, 즉 식사, 수면 등을 위한 시간을 제외한 나머지 시간을 말하는 것으로 아무런 의무감도 없으며, 본인이 자유롭게 사용할 수 있는 시간이라고 보는 견해인데, 즉 여가가 성립되기 위해서는 어떤 활동이 참가자의 자의에서 선택되어야 하며, 동시에 노동과도 전혀 관계가 없어야 한다는 제한이 있다고 볼 수 있다. 그러나 여가의 엄격한 구분에는 여러 가지 문제점이 있다.

어떤 사람에게는 노동이 전혀 의무감이나 강제성이 없고 오히려 즐거움과 보람이 될 수 있다. 예를 들면 토마스 에디슨은 그의 일생을 통하여 아무런 정규 직업에 종사하는 일이 없었으며, 그의 유명한 발명품들은 대부분 자신의 실험실을 통하여 이루어졌다고 한다. 그의 즐거운 실험실 작업은 그가 발명가이며 과학자라는 점에서 일종의 노동활동에 속할 수 있으며, 동시에 그에게 훌륭한 여가활동이 되었다고 볼 수 있다. 이러한 경우를 말하여 "노동 중에도 레크리에이션이 가능하다"고 할 수 있겠다.

교수가 자유시간에 자기의 강의에 관계된 서적을 읽는다던가 자기의 수업을 보충하기 위해서 행하는 활동 등은 자유시간을 이용한 자발적인 활동으로, 여가인 것 같으나 활동의 목적이 노동과 관련을 갖는다는 점에서는 순수한 여가로 볼 수 없다.

그와 반대의 경우로 노동과는 직결되지 않지만 타의에 의해 선택된 여가활동도 적지 않다. 이와 같은 경우는 주로 본인의 사회적, 가정적 혹은 그 밖의 개인적인 역할 때문에 발생하게 된다. 예를 들면 가장의 위치 때문에 가족을 위한 여가활동에 억지로 참여해야만 하는 경우, 동창회 회원이란 구속 때문에 모임에 출석해야만 할 경우 등은 타의가 강하게 작용하는 여가이다.

또 식사는 원칙적으로 여가활동으로 간주하지 않는다. 그러나 자유시간을 이용하여 온 가족이 즐기는 외식은 하나의 훌륭한 여가활동이라고 할 수 있다. 우리의 많은 취미활동들은 대부분 자발적인 참여 혹은 스스로 선택한 여가활동으로 인정하는 것이 보통이다. 그러나 선택된 취미활동을 위해 싫증나고 지루한 일들이 따르게 되는 경우가 많다.

따라서 노동과 여가의 성격이 공존하는 활동들을 Dumazedier(1960)는 준여가(semi leisure)라고 제시하였다. 그러나 여가에 대한 고전적인 입장을 취하는 Aristotle이나 Grazia와 같은 학자들은 준여가는 여가로 인정하지 않았다(Kraus, 1975).

또 Kaplan(1960)은 여가를 정의할 때 본질적 요소로서 다음의 내용을 들고 있다. 여가는 경제적 노동과는 정반대이며, 유쾌한 기대와 회상이다. 감금, 병 등으로 강제된 '여가'는 이 범주에 들지 않는다. 최소한의 사회적 역할과 의무는 포함되며, 심리적인 자유의 지각은 중요한 요소로 보고 있다.

서술한 바와 같이 각 학자들은 여가의 정의에 대해서 다소 그 견해를 달리하고 있다. 그러나 여가의 정의에서 공통된 점은 여가가 시간에 관련된 요소라는 점과 아울러 자유시간에만 국한하지 않고 활동까지 포함해서 해석하고 있는 경향도 있다. 결론적으로 여가의 본질적 요소를 말한다면 아래와 같다.

첫째, 일의 구속성에서 벗어난 자유스러운 마음
둘째, 심리적으로 즐거움을 향유하는 것

셋째, 문화생활 및 사회생활의 한 요소

이상의 내용을 종합하여 '김오중'은 여가란 "생활에서 모든 의무와 책임 그리고 생활에 필요한 활동을 제외한 나머지의 자유로운 시간인 동시에 자기 자신을 찾을 수 있는 기회"라고 정의하였다.

> **그리스어의 스콜레(Schole)**
> - 의무로부터 구속이 없는 상태를 의미
> - 남는 시간, 자유시간을 의미
> - 이는 school, scholar의 어원이기도 하다.
>
> **라틴어의 리케레(Licere)**
> 자유롭게 되다, 허락되다를 의미
> → 오늘날 영어의 leisure로 변화
>
> **여가의 본질적 요소**
> 첫째, 일의 구속성에서 벗어난 자유스러운 마음
> 둘째, 심리적으로 즐거움을 향유하는 것
> 셋째, 문화생활 및 사회생활의 한 요소

레크리에이션의 이해

제1절 | 레크리에이션의 어원
제2절 | 레크리에이션의 개념
제3절 | 레크리에이션의 정의
제4절 | 여가와 레크리에이션의 관계

제2장 레크리에이션의 이해

제1절 ┃ 레크리에이션의 어원

　레크리에이션의 어원은 문예부흥기에 인간 개조의 필요성을 부르짖던 인도주의자들에 의해 이루어진 용어로 그 뜻은 오락적 활동, 심신 위안적 활동, 기분전환, 놀이 등의 활동을 말하는 것인데 일부 학자들은 자기 스스로가 자진하여 활동하는 비직업적인 활동이라 말하고 있다.

　이 용어는 1911년 미국의 레크리에이션 운동을 장려하던 단체의 명칭으로 사용되었으며, 1932년 미국의 로스앤젤레스에서 제1회 세계레크리에이션회의가 개최되면서 레크리에이션운동이 처음으로 세계 각국의 이목을 끌게 되어 현재 국제적인 용어로써 사용되고 있다.

　레크리에이션이란 용어는 사전에서 두 가지의 뜻을 나타내고 있다. récreation과 recréation은 발음에 있어 서로 그 뜻이 다르다. 전자의 récreation은 재창조, 재생, 새롭게 만든다는 것이며, 후자의 recréation은 여가선용, 기분전환, 위안, 오락, 취미 등의 뜻을 갖고 있다. 아울러 레크리에이션은 확실히 창조적인 것만은 사실이다. 그러나 실제로 레크리에이션 활동에 참여하는 사람의 대부분은 그 동기에 있어서 창조적이든 아니든 간에 결과적인 것과는 상관없이 흥미로운 활동을 즐겨 본다든지 또 고된 생활에서 심신의 위안을 한다는 데서 찾아볼 수 있다. 레크리에이션의 본질적인 가치에 있어서 역시 관련성을 가지는 것은 레크리에이션에 직접 참여하는 것에 크게 좌우된다고 볼 수 있다. 또한 레크리에이션에 대한 참가의 동기는 레크리에이션의 본질적인 가치를 결정하는 중요한 요소가 된다.

제2절 | 레크리에이션의 개념

레크리에이션의 개념규정에 있어서도 학자들의 견해는 여러 가지로 나타나고 있으며, Fairchild(1944)는 레크리에이션의 개념을 다음과 같이 규정하고 있다.

"레크리에이션이란 그것이 개인이나 집단에 의해서 여가 중에 영위하는 활동이고, 그 활동으로 말미암아 얻어지는 직접적 또는 간접적 보수에 의해서 강요되는 것은 아니며, 그 활동 자체에 의해서 직접적으로 동기가 주어지는 자유롭고 즐거운 활동을 의미한다. 레크리에이션은 유희, 게임, 스포츠 경기, 심심풀이, 어떤 종류의 오락, 예술, 취미 등을 포함하는 것이다. 레크리에이션 활동은 인간의 어떤 연령층에 의해서도 영위되는 활동이고 그 활동은 시간적 요소, 상황, 환경, 조건 등에 의해서 결정되는 것"이라 하였다.

Meyer와 Brightbill(1966)은 그들이 공동저술한 『지역사회와 레크리에이션』이라는 책을 통해서 레크리에이션의 개념을 잡으면서 그 내용을 상당히 상세하게 설명했다.

> "레크리에이션은 언제나 어떤 종류의 활동으로써 성립되는 것이다. 그것은 신체적, 정신적, 정서적 활동 중 어떤 활동을 말하는 것이다. 등산을 할 때 거기서 행동을 확인하기는 용이하나 독서를 했을 때 행동을 확인하기는 용이하지 않다. 그러나 레크리에이션이라고 규정하기 위해서는 거기에 행동이 있다고 보는 것이다."

이와 같이 레크리에이션은 유일한 형식장면이 있는 것이 아니다. 이러한 유연성이 레크리에이션이라는 말을 정의하고 그 역할을 설명하는 데 혼란을 일으키게 하지만 본질적으로는 레크리에이션의 폭이 넓고 깊이가 있다는 점을 입증해 주는 것이다.

한편 Kraus(1975)는 레크리에이션은 활동이나 경험으로부터 성립되고 있다고 주장하였다.

> "레크리에이션은 통상 참가자의 자유의지에 따라 행하여지고, 그 활동이나 경험으로부터 직접적인 만족, 혹은 개인이나 사회적인 가치를 추구하기 위해서도 행하여지는 것이라고 했으며, 그것은 여가시간에 행하여지며 즐거운 것이다. 또 지역이나 단체에 있어서 조직활동의 일부로써 행하여질 때에는 개개인, 그룹 혹은 그 지역 전반에 있어서, 건설적이며 사회적으로도 인정될 수 있는 가치 있는 목표에 합치되도록 의지된 것"이라고 말한다.

이상으로 레크리에이션의 정의를 시대의 흐름에 따라 살펴본 결과 그 개념도 시대적 배경과 상관하는 가운데 변화 발전하여 온 것을 엿볼 수 있다. 그리고 같은 시대일지라도 그 논자가 관심을 둔 곳이나 강조점의 차에 따라 다소 느낌이 다름을 볼 수 있지만 저마다 대립관계가 있지 않다는 것을 알 수 있다.

제3절 | 레크리에이션의 정의

여가의 개념과 마찬가지로 레크리에이션의 개념규정을 바탕으로 정의를 내리기에는 애매한 부분이 있는데 이것은 어떠한 특정 활동이 모든 사람에게 똑같이 레크리에이션이 될 수 없다는 점에서 나타나는 것으로 보인다.

따라서 이러한 점을 전제로 학자들의 정의를 살펴보면 다음과 같다.

Meyer와 Brightbill(1966)은 레크리에이션에 대하여 "개인적 혹은 단체적인 여가 중의 활동이다. 이것은 어떤 다른 목적이나 대가를 위한 것이 아니고 활동 그 자체의 목적을 갖는 자유롭고 즐거운 것이다. 레크리에이션은 놀이, 게임, 운동, 경기, 휴식, 오락, 여흥, 예술적인 활동, 취미활동, 그리고 부업적인 활동(avocation) 등을 포함한다. 레크리에이션 활동은 어떤 연령층에도 있을 수 있고, 그 내용은 시간, 참가자의 태도와 사정, 주위의 환경조건에 따라 결정된다"라고 하였다.

Kraus(1975)는 "레크리에이션은 어떤 활동이나 경험을 말하는데 대개 자발적으로 선택되는 것이며 그 자체로부터 오는 만족이나 개인적 혹은 사회적인 가치를 목적으로 한다. 레크리에이션은 여가 중에 행해지며 노동과는 아무런 상관이 없는 것으로 즐거운 것이며 레크리에이션이 지역사회나 어떤 봉사기관에 의해 조직될 때에는 그 목적이 참가자 개인이나 집단, 나아가서는 사회발전에 바람직하고 건설적인 목표를 달성하는 데 있게 된다"라고 하였다.

Gray(1974)와 같은 현대 학자들은 레크리에이션을 정의하는 데 그 중심을 활동에 두지 않고 활동에 참가함으로써 얻을 수 있는 심적인 영향에 두고 있으며, 다음과 같이 레크리에이션을 정의하였다.

"레크리에이션은 만족감과 행복감에서 오는 인간의 심리적 상태를 말한다. 레크리에이션의 성격은 정복감, 성취감, 유쾌함, 복종, 성공, 그리고 개인의 가치와 즐거움이라 할 수 있다. 레크리에이션은 심미적인 경험, 개인적인 목적달성, 혹은 타인으로부터의 긍정적인 반응에 대한 대답이라고 볼 수 있다. 즉 레크리에이션은 '활동', '여가' 혹은 '사회적인 수긍'이라는 개념들로부터 독립된 것이다."

Gray의 레크리에이션에 대한 해석은 상당히 현대화된 개념이라고 볼 수 있는데 그 유형이 여가를 해석하는 고전적인 입장과도 같다. 즉 여가는 어떤 활동이 아니고 활동을 통한 마음의 상태(a state of being)라고 보는 것과 같이 레크리에이션도 활동 종목 자체를 의미하는 것이 아니고 활동에 참가함으로써 발생하는 심리적인 변화가 되어야 한다는 주장이며 이러한 견해는 현대 학자들의 관심을 모으고 있다.

이상 몇몇 학자들의 정의에 있어서 레크리에이션의 본질적 요소를 아래와 같이 밝힐 수 있다.

첫째, 할 만한 가치가 있는 것(worth - while)

둘째, 사회적으로 용납될 것(socially - accepted)

셋째, 여가시간에 행할 것(leisure)

넷째, 만족을 느낄 수 있는 것(satisfaction)

다섯째, 자발적(스스로)으로 행할 것(voluntary)

이상과 같은 다섯 가지 요소를 바탕으로 김오중은 아래와 같이 레크리에이션을 정의하고 있다.

"레크리에이션은 각자가 선택한 활동에 스스로 참가하여 만족을 느낄 수 있으며 동시에 문화적 · 사회적으로 받아들일 수 있는 건설적이며 창조적인 여가의 활동이다."

즉 레크리에이션이란 여가활동이며 이 활동이 우리들의 생활에 기쁨과 즐거움을 주며 창조적 가치를 가져다주는 데서 참다운 뜻을 갖게 된다고 보는 것이다.

제4절 | 여가와 레크리에이션의 관계

레크리에이션은 여가시간에 영위되는 자발적 활동의 총체로서 여가의 하위개념이라고 할 수 있다. 여가와 레크리에이션의 차이점은 여가는 포괄적이고 비조직적이며, 개인적인 동시에 내적 만족을 추구하는 데 비하여, 레크리에이션은 범위상 한정적, 조직적이며 동시에 사회적 편익을 강조하고 있다. 또한 여가가 보통 시간의 개념이나 마음의 상태를 말하는 데 비하여, 레크리에이션은 공간에서의 활동을 가리킨다. 나아가 여가가 쾌락과 자기표현을 위한 것이라면, 레크리에이션은 활동과 경험의 직접적인 결과로써 발생한다.

📢 récreation의 의미
- 재창조, 재생, 새롭게 만든다는 뜻

📢 recréation의 의미
- 여가선용, 기분전환, 위안, 오락, 취미 등의 뜻

📢 leisure와 recreation의 차이점

leisure(시간)	recreation(활동)
• 포괄적 활동범주	• 한정적 활동범주
• 비조직적	• 조직적
• 개인적 목적 우세	• 사회적 목적 우세
• 자유시간	• 공간에서의 활동
• 자유, 내적 만족 강조	• 재창조, 사회편익 강조
• 자기 표현적	• 활동적(경험의 직접적 결과)

제 **3** 장

여가 및 레크리에이션의 유사개념

제1절 ┃ 놀이
제2절 ┃ 게임
제3절 ┃ 생활체육

제3장 여가 및 레크리에이션의 유사개념

제1절 ┃ 놀이

1. 놀이란 무엇인가?

놀이는 흔히 레크리에이션과 동일한 의미로 간주되어 왔다. 그러나 놀이가 레크리에이션의 근본 개념이라고 볼 수는 있으나 양자 사이에는 어느 정도 차이가 있으며, 서로 구분하는 것이 레크리에이션 연구의 입장이다. 현대의 놀이 내용을 표현하는 단어는 자유롭고 행복한 자기표현을 의미한다고 한다. 놀이는 어린이들에게 주로 사용되는 단어로 '장난'이라는 개념이 많이 내포되는 듯하다. 즉 놀이는 비교적 그 조직성이 약하고 내용이 단조롭다는 면에서 레크리에이션과 차이가 난다.

Grazia(1962)는 놀이에 관해 다음과 같이 말하였다.

"놀이란 어린이들이 하는 '장난'이나 난해한 '운동' 그리고 '물놀이' 같은 것을 말한다. 성인들도 놀이를 하지만 비교적 활동성이 약하고 어린이들의 놀이에 비하면 보다 난해한 편이다. 놀이는 여가와 특수한 관계에 있다. 사람들은 레크리에이션으로 게임과 같은 놀이를 하는데 이 놀이는 레크리에이션의 한 형태라고 할 수 있으며, 이러한 놀이는 본능과도 같은 것으로 인간의 학습과정과 성장을 관찰하는 데 중요한 연구대상이 되어왔다."

다시 말해서 "놀이는 그 자체에 목적을 가진 무의식적인 활동이다. 그것은 동물세계의 전 생활과정이 여러 가지의 서로 다른 형태로 행해진다. 놀이에 대한 습관과 태도는 인류학자들, 자연연구가(naturalists), 심리학자들, 그리고 아동발달 전문가들에 의해 연구되어 왔다. 놀이라는 것은 물고기가 물 위로 뛰어 오를 때나 원숭이들이 나뭇가지를 타고 이리저리 왔다 갔다 할 때, 그리고 뒤뜰에서 어린이가 강아지들과 장난하는 과정에서 관찰되는 것이다."

결론적으로 놀이란 어떤 동기(motive), 동작(move), 그리고 새로운 것을 찾으려는 노력, 그리고 주위환경에 대한 조절과 적응(manipulate the environment)이라고 볼 수 있다.

놀이에 대한 Kraus(1975)의 정의를 인용하면 다음과 같다.

"놀이란 관례적으로 여가 중에 행하는 것인데 즐거움과 자기표현(self-expression)을 위한 활동이다. 놀이는 비교적 능동적이며 그 내용에는 경쟁(competition), 탐구(exploration), 혹은 위장(make-believe) 등의 요소가 포함된다. 놀이란 보통 어린이의 활동을 의미하지만, 성인들도 놀이를 하는 경우가 많으며 어떤 경우에는 노동 중에도 놀이가 가능할 수도 있다."

위에서 말하는 놀이는 거의 인간의 본능이라고 할 만큼 원초적인 활동으로 주로 아동들, 또는 유아기의 무의식적인 동작을 말하며 레크리에이션에 대한 인간의 요구는 바로 이 놀이의 본능에서부터 출발한 것이라고 할 만큼 양자의 관계는 일직선상에 있다고 하겠다.

놀이의 사전적 의미는 "여러 사람이 모여서 즐겁게 노는 일"로 풀이되어 있다. 놀이는 적어도 두 사람 이상의 모임으로써 형성되며, 그 자체가 긴장이나 즐거움 또는 어떤 공감대를 목적으로 지닌 채 이루어진다는 뜻으로 사용되는 말이다. 그런데 놀이라는 말의 사용범위는 다양하고 여러 의미로 쓰이고 있다.

Johan Heuzinga(1955)는 놀이의 조건이 다음의 두 가지 결정적 요인에 의해서 이루어지고 있다고 한다.

첫째, 놀이라는 것은 직접적이고 실질적인 목적을 추구하지 않는 정신적, 육체적 활동이다. 따라서 놀이가 발생하는 원천적 근거는 그 자체 속에서 기쁨을 가지는 것이라고 본다.

둘째, 놀이란 명백하고 일정하며 참여자에 의해서 인정되는 방향과 규정에 따라서 수행되는 행동이다. 이 행동에는 필연코 어떤 승패가 수반되는 것이라고 본다. 이와 같은 것으로부터 놀이란 사회적 촉진제로서 인간의 삶을 윤택하게 하고 성장시키는 역할을 한다는 것으로 이해할 수 있다.

2. 놀이 개념의 제 학설

1) 잉여에너지설(surplus-energy theory)

잉여에너지설은 독일의 철학자 Hebert Spencer에 의해 주장되었다. 그 내용은 생물에는 일정량의 에너지가 있어서 이 에너지를 소비하려고 하지만 생존을 위하여 에너지를 일으킨다고 하는 것이다.

그러나 잉여에너지설에 대한 현대적인 비판은 유아나 어린이들의 놀이 활동이 아무런 목적 없이 행해지는 것이 아니라 본능적인 목적을 갖고 있을 것이라는 점과 체내에 과잉된 힘이 있을 때만이 아니라 힘이 별로 없을 때에도 사람들은 놀이에 참여하는 경우가 많다는 점 등으로 그 영향력을 잃게 되었다고 볼 수 있다.

2) 준비설(preparation for life theory)

준비설은 Groos의 논리로 이는 본능에 의하여 일어나지만 현재의 적응 행동은 아니고 장래를 위한 준비로서 도움이 되는 것이라고 밝혔다.

Groos는 놀이가 성인기 생존에 필요한 기본적인 기술을 연습하기 위해 존재한다고 주장하였다. 즉, 생활에 필요한 여러 가지 경험을 놀이를 통해 연습해 봄으로써 현실상황에 대한 준비를 한다는 것이다.

3) 문화반복설(recapitulation theory)

Stanely Hall에 의하여 정립된 문화반복설은 인간이 놀이를 한다는 것은 인류의 태아기에서부터 출생까지의 과정이 동물에서부터 인간이 되는 과정과 흡사하다는 생각에서 착안된 것이다.

문화반복설은 19세기 당시 어린이에 대한 연구를 위하여 또 기타의 생물학적인 연구를 위해 큰 공헌을 하였다. 그러나 그의 학설이 가진 난점은 조상들의 생활 혹은 그들의 경험이 후손에게 유전된다는 주장인데 유전학적인 해석으로 한번 습득된 기술이나 경험이 후세에 유전된다고 여기는 것은 타당하지 않다. 또 놀이를 설명하는 데 있어 그 동기가 미래에 대한 추구나 준비가 아니라 단순한 과거의 반복이라고 해석한 점도 널리 인정받지 못하는 이유 중 하나이다.

4) 본능설(instinct-practice theory)

놀이라는 것은 주위환경에 적응하면서 생존경쟁에서 승리하기 위한 기술을 본능적으로 익히는 과정이라고 생각하는 것이다. Groos는 놀이는 학습지도를 위한 한 방법으로도 사용할 수 있을 것이라는 점을 강조하면서 그의 저서인 *The Play of Man*을 통하여 놀이를 다음과 같은 4가지 형태로 구분하였다.

① Fighting Play(투쟁놀이)

② Love Play(사랑놀이)

③ Imitative Play(모방놀이)

④ Social Play(사회적인 놀이)

5) 감정순화설(catharsis theory)

감정순화설은 인간 내면에 잠재해 있는 폭력적인 성격 혹은 공격적인 감정을 건설적인 방향으로 발산하는 방법으로서 놀이가 사용된다는 이론이다.

이 학설은 어린이 그리고 성인들의 놀이에 적용되었던 이론으로 특히 격렬한 스포츠의 경우를 위주로 그 타당성이 강조되었다. 이러한 관계를 Kraus(1975)는 다음과 같이 설명하였다.

"감정순화란 반사회적인 가능성을 가진 마음속의 힘을 씻어내거나 정화한다는 것을 의미한다. 소년들의 호전적인 경향을 감소시키기 위한 축구, 권투, 그리고 다른 육체적인 경쟁활동이 아주 좋은 예이다. 만일 젊은이들의 비행이나 또 잠재해 있는 미지의 힘을 건설적으로 발산할 수 있도록 잘 고안된 놀이들이 없다면 교사는 물론이고 부모들의 아동 교육문제는 상당히 애를 먹게 될 것이다."

이처럼 바람직하지 못한 감정놀이를 통해 발산하지 못하면 오히려 역효과를 초래할 것이므로 격렬한 운동경기를 포함한 조직된 놀이가 반드시 필요하다는 생각은 초기에나 현대에까지도 많이 이용되고 있다.

그리고 특히 레크리에이션과 사회문제에 관심을 가지는 학자들에게는 인기 있는 이론이 되고 있는데 청소년들에게 레크리에이션이 공헌할 수 있는 가장 큰 이점으로 이 원리는 널리 적용되고 있다.

6) 휴식설

이 휴식설은 Patrick에 의해 주장되었고, 이 학설의 핵심은 인간이 일상생활로부터 받는 스트레스나 불안, 초조, 그리고 기타 정신적인 갈등을 해소하며 안정을 찾기 위해 놀이에 참가한다는 것이다. 이 점에서 감정순화설과 그 맥을 같이한다고 볼 수 있다. 그러므로 Patrick은 스포츠 활동을 포함한 놀이, 폭소, 음주, 그리고 전쟁까지도 불안과 초조를 없앨 수 있는 휴식의 방법으로 생각하였다.

Patrick은 미국의 심리학자였는데 그의 연구는 놀이 자체에 대한 개념을 규정하여 오늘날까지 레크리에이션 연구에 상당한 영향력을 미치고 있다. 이 점에 관하여 Kraus는 다음과 같이 설명하였다.

> Patrick은 어린이의 놀이와 성인의 놀이를 구별한 최초의 학자였다. 그는 생각하기를, 어린이들의 놀이는 휴식을 위한 것이 아니고 사회적인 성장이나 본능적인 욕구를 발산하는 방편이라고 보았다. 이와 반대로 성인들의 놀이는 주로 휴식을 위해 가치가 있는 것인데 현대생활에서 오는 스트레스를 보상하기 위한 것이다. 그는 현대생활 중의 놀이에 대한 유력한 정의를 내렸다. 즉 "놀이는 본인의 발전 있는 흥미 이외에는 어떠한 종류의 내적 그리고 외적인 강요에 의해 행해지는 것이 아니다"라고 정의하였다.

그는 놀이와 노동을 엄격히 구별하였고, 노동이란 외부의 어떤 목적이나 목표에 의한 것이며 이는 부수적으로 정신적인 수고와 강박관념이 따르게 된다고 생각하였다. 이러한 양자의 뚜렷한 구분은 레크리에이션운동을 발전시키는 데 관심을 가진 학자들에 의해 주장된 이론이다(Kraus, 1975).

7) 자기표현론(self-expression theory)

자기표현론은 Mitchell과 Mason 두 교육학자들이 주장한 것으로, 놀이란 인간이 가지고 있는 자기표현에 대한 욕구를 발산하는 것이라 하였으며, 여가 습성(leisure behavior)에 영향을 주는 욕구가 다음과 같이 구성된다고 하였다.

① 새로운 경험에 대한 욕망
② 집단생활에 대한 욕망
③ 안전에 대한 욕망
④ 타인으로부터 인정받고 싶어 하는 욕망
⑤ 미에 대한 욕망 등

따라서 놀이란 참가자의 서로 다른 욕구, 개인의 신체적 상태, 주위환경, 그리고 사회적인 여건에 의해 달라질 수 있으며, 이는 곧 개인의 인간성을 표현할 수 있는 기회를 말하는 것으로 놀이를 통한 '성취감의 경험'은 상당히 중요한 뜻을 갖는 것이라고 주장하였다. 이 이론은 이러한 놀이의 목적을 설명하는 데도 유용한 이론으로 인정되어 왔으며 오늘날 여가와 레크리에이션을 연구하는 데도 유력한 근거로 등장되고 있다.

8) 발달학습설(developmental & learning theory)

Piaget는 발달학습설에 대하여 놀이는 생체의 발달을 기반으로 하고 어린이는 놀이에 의하여 사회상을 학습하는 극히 자연적인 모습이라 보았으며, 초기의 놀이에 대한 대부분의 학설들은 주로 동물들의 세계나 어린이의 성장과정으로부터 관찰하여 정립하였으나 그 이론을 인간세계에까지 연관지으려하는 것을 특징으로 한다.

3. 놀이의 특성

1) 내재적 보상(intrinsically rewarding)

놀이를 하는 것은 생활을 즐기고 싶어 하는 동기에서 비롯된 것으로,

놀이란 그 자체가 하나의 목적으로서 자아충족의 활동이다. 즉 놀이는 자신이 선택한 활동에 참여하는 행동이 즉각적 보상이 되므로, 어떤 외적 보상에 의해 놀이가 수행되지는 않는다.

2) 자발성(voluntary)

놀이는 자유롭고, 임의적이거나 자발적이며, 그 자체를 위하여 추구되는 활동이기에 일상의 규칙인 외적인 환경에 강요받지 않는다는 점에서 놀이는 선택의 자유를 의미한다.

3) 즐거움(enjoyment)

놀이는 강요받지 않고 외적인 보상이 없기 때문에 즐거워야 하고 그렇지 못할 경우에는 계속해서 놀이에 참여하지 않게 될 것이다. 놀이는 자신이 스스로 선택한 활동으로부터 나오는 즉각적인 만족으로 인해 즐거울 수 있는 것이다.

4) 집중 및 몰두(absorbing)

놀이는 개인이 놀이행동을 할 마음이 환기되고 흥미를 가져야 한다. 계속되는 놀이행동은 그 놀이에 정신을 빼앗겨 열중하는 데서 발생한다.

5) 자기표현(self-expression)

놀이는 참여자의 인성을 나타내주는 것으로, 개성은 놀이를 통해 쉽게 나타나며, 이러한 특성은 과학기술로 인해 탈인간화된 현대사회에서 중요한 의미를 갖는다.

6) 도피성(escapist)

놀이를 하는 동안 각 개인은 물리적 세계 또는 사회적 세계를 지배하고 있는 일상적 규칙과 법을 더 이상 따르지 않아도 된다. 누구라도 단체운동의 한 구성원이 될 수 있고, 올림픽 선수가 되어서, 또는 달로 여행하는 우주비행사가 되어 놀이를 할 수 있을 것이다. 놀이 참여자는 자신의 마음속에서 현실세계의 한계를 제거할 수 있다.

제2절 | 게임

1. 게임의 정의

게임은 놀이보다 복잡하며 조직화되어 규칙을 따르는 놀이이다. 즉 상호 간에 일정한 규칙을 정하여 서로 이를 지키며, 서로의 목표달성을 위해 경쟁하는 것이다. 이러한 게임은 어떤 집단적인 문화를 설명해 줄 뿐만 아니라 개인의 특성이나 삶 자체를 반영하기도 한다.

2. 게임의 특성

① 상호 간에 일정한 규칙을 정하고 목표를 달성하기 위해 경쟁하는 것이다.
② 놀이보다 복잡하며 조직화되고 규칙을 따르는 것이다.
③ 특별한 기구를 가지고 일정한 시간 동안 어떤 장소에서 가상적으로 규칙을 정한다.
④ 어떤 지역의 특성이나 문화를 반영한다.
　　예) 씨름, 줄다리기, 제기차기 등의 게임은 어느 나라에나 있지만 그 나라의 문화에 따라 게임이 변화된다.
⑤ 게임의 규칙은 흥미나 즐거움을 위해 수시로 변한다.

⑥ 게임은 집단적인 문화일 뿐 아니라 개인의 삶을 반영한다.

3. 게임의 분류

① 장소에 의한 분류 : 실내, 실외 등
② 움직임에 의한 분류 : 동적, 정적 등
③ 대형에 의한 분류 : 원형, 종대, 횡대, 스테이지형 등
④ 대상에 의한 분류 : 아동, 청소년, 성인, 노인, 장애인 등
⑤ 목적에 의한 분류 : 교육, 짝짓기, 친교, 훈련, 선교, 단합 등
⑥ 계절에 의한 분류 : 봄, 여름, 가을, 겨울 등

- 놀이(Play): 본능적이고 자유스럽고 이동적인 여가활동
- 게임(Game): 고도의 구조적, 조직적, 규칙적인 여가활동

제3절 | 생활체육

1. 생활체육의 의의

현대사회는 새로운 체육의 형태를 필요로 하고 있다. 지금까지 우리는 학교체육 교육을 통하여 신체활동을 통한 삶의 가치를 찾는 방법을 배워 왔으나, 생활체육은 개인적 측면에서 건강을 유지하고 즐거움을 찾는 소극적인 활동에서 벗어나 사회적, 국가적 차원에서 보다 긍정적인 기능을 발휘하는 적극적 활동으로 변모해 가고 있다. 또한 오늘날의 생활체육운동은 모든 국민이 그들의 여가시간을 활용하여 자발적으로 즐겁게 참여하는 여러 형태의 신체활동을 통하여 개인이 건강하고 행복한 삶을 영위

토록 하며, 복지국가 건설에 바탕을 이루는 여가 지향적인 스포츠 활동이라 하겠다.

생활체육이 지니는 의의는 크게 개인적 측면과 사회적 측면에서 접근할 수 있다.

개인적 측면으로는 첫째, 인간의 전 생애를 통하여 바람직한 생을 영위할 수 있는 신체활동의 보장을 필요로 한다. 인간의 성장과 발달, 건강과 체력증진, 자기실현과 행복추구는 평생 동안 추구되고 성취되기를 원하는 것이다. 따라서 생활체육은 참여자로 하여금 건강한 신체를 소유하고, 삶을 즐길 수 있으며, 인간생활에 계속적인 의미를 부여함으로써 삶의 질을 향상시키는 중요한 사회활동의 하나로 간주되고 있다. 둘째, 생활체육은 세대 간의 격차를 줄일 뿐만 아니라, 동일세대 안에서의 간격을 좁혀 주는 역할을 담당한다. 생활체육은 사회 구성원들 간의 신체활동 범주 안에서 상호 간의 신체적 접촉을 강조하기 때문에 서로 다른 가치관과 의식을 지닌 개인과 세대를 가장 효과적으로 연결하여 주는 사회적 연결망일 뿐만 아니라, 격렬한 신체적 접촉과 경기규칙의 준수, 그리고 상대방에 대한 존중을 통하여 대인관계의 지식과 방법을 배우고, 사물을 상대적 관계성 속에서 사고할 수 있도록 도와준다.

사회적 측면에서 살펴보면, 생활체육은 광의의 사회현상 속에서 이루어지기 때문에 현대사회의 복합성에 따라 그 관점도 여러 가지로 나타날 수 있으나, 크게 두 가지 측면에서 살펴볼 수 있다. 첫째, 생활체육은 사회의 모든 계층에게 신체활동을 충분히 즐길 수 있는 기회를 부여함으로써 사회적 불평등을 해소하는 데 기여할 뿐 아니라, 서로 다른 계층 간의 상호작용을 증진시킴으로써 사회적 갈등의 해소에 도움이 된다. 둘째, 학교체육 및 엘리트체육 중심에서 대중 중심의 체육활동으로 이행되고 있는 활동이므로 체육의 평등화에 이바지할 수 있다.

이외에도 생활체육은 근래에 커다란 사회문제로 대두되고 있는 청소년문제를 해결하는 데 효과적인 수단이 될 수 있다. 즉 스포츠 활동을 통하여 사회적 고립감의 해소, 공동체의식 함양, 여가선용 등을 경험할 수 있게 한다. 또 지역사회 단위의 스포츠 활동은 사회통합의 기능을 제공하여 국민적 일체감을 조성할 수 있다.

2. 생활체육의 정의

생활체육이란, 학교 교육법에 근거하여 학교의 교육과정으로 이루어지는 학교체육을 제외한 체육 영역으로서 주로 성인이 주체가 되고, 개인 및 가정 사정 등으로 학교에 다니지 못하고 취업한 소수의 근로청소년을 중심으로 하여 조직적 혹은 비조직적으로 이루어지는 체육활동을 의미한다. 다시 말해서, 생활체육은 사회성원인 일반국민이 일상생활 가운데 각자의 직무에 종사하지 않는 여가시간에 각 개인의 자발적인 참가의지에 의하여 창출되는 운동수요를 충족시키기 위한 사회적 노력의 총체를 의미한다. 따라서 생활체육은 학교체육과 달리 사회 구성원의 다양한 개인적 욕구를 충족시켜 풍요로운 삶을 영위하기 위한 수단으로써의 역할을 지닌다. 그 형태는 개별적 참가도 있으나 대부분 조직이나 시설을 중심으로 하여 활동이 전개되는 것으로서 그 내용은 다음과 같다.

첫째, 국민의 건강 및 후생복지 향상을 목적으로 여가시간에 이루어지는 남녀노소의 스포츠 활동이다.

둘째, 여가의 창조적인 선용방법으로 널리 활용되는 스포츠 활동이다. 왜냐하면 스포츠 활동을 통한 창조적인 여가활동이 궁극적으로 명랑한 사회를 건설하고, 건강한 국민을 만들어 국력을 신장하기 때문이다.

셋째, 단순한 여가선용이라기보다는 적극적 의미에 있어서 범국민적·범사회적 운동으로 각종의 스포츠를 사회에 널리 보급하는 효과가 있다.

넷째, 생활체육은 창조적인 여가활동으로 그 본체가 즐거움으로 행하여지고, 건강하고 행복한 삶을 영위하는 복지사회 건설에 바탕을 이루는 사회교육적 활동이다.

결국, 생활체육은 개인이 전 생애를 통하여 능동적으로 계속적인 체육활동 참여의 기회를 포착함으로써 신체적 · 정서적 · 사회적으로 조화적인 발달을 꾀하며, 변화하는 현대적 생활에 슬기롭게 대처하며, 창조적으로 개척하여 나아갈 수 있는 기능과 성향을 학습하고, 다른 사람과 더불어 공동체의 복지를 증진시켜 나가는 복지사회의 신체적 여가활동을 의미한다.

놀이란, 어떤 목적이나 보상, 성과를 기대하며 이루어지는 것이 아니라, 놀이 그 자체를 위해 행해지는 것으로 즐거움과 자기표현을 위한 활동이다.

놀이가 본능적이고 허구성이 있으면서 임의적 규칙에 따르는 이동적이고 학습적인 여가활동이라면, 게임은 의도적이고 고도의 형태적인 인위적 · 조직적 · 규칙적이며 다소 계산적인 여가활동이다.

생활체육이란, 학교체육을 제외한 체육으로 창조적 여가선용을 통하여 건강하고 행복한 삶을 영위하게 하는 복지사회 건설에 바탕을 이루는 사회교육적 활동이다.

4_장

외국의 레크리에이션 현황

제1절 ┊ **일본의 레크리에이션**
제2절 ┊ **영국의 레크리에이션**
제3절 ┊ **미국의 레크리에이션**

제**4**장 외국의 레크리에이션 현황

레크리에이션은 단순한 오락이 아니라 그 나라의 국민성, 경제, 정치, 문화, 주변적 환경 등의 영향에 따라 변화되는 특성이 있기 때문에 한마디로 정의하기는 어렵다고 할 수 있다. 이 장에서는 일본, 영국, 미국의 국민여가활동 실태 및 레크리에이션의 전반적인 현황에 대하여 알아보고자 한다.

제1절 ┃ 일본의 레크리에이션

일본은 1990년대 후반 국민소득의 향상(1인당 연간 국민소득 약 10,000불, 현재는 약 44,000불)과 노동시간의 감소(주당 50시간, 현재는 주당 40시간) 등 문화, 사회, 경제 그리고 정치적인 변화를 겪었는데, 이는 일본인들의 여가형태를 서구화하였다. 이러한 변화에 의해 수많은 상업오락은 일본에서도 상당히 유행하고 있다. 따라서 일본은 전통적인 레크리에이션 활동과 함께 영화, 연극과 같은 비활동적인 여가활동을 감행하여 왔다. 그러나 최근에는 종래의 수동적인 형태보다는 활동적이며 직접 참가를 위주로 하는 레크리에이션을 즐기는 사람들이 많다고 하는데 사회체육의 활성화에 의한 각종 스포츠, 야외레크리에이션, 그리고 관광 등으로 범위가 상당히 넓어지고 있다.

당시 여가와 레크리에이션에 관한 정부의 전문부서는 없었는데 이는 많은 국가에서 볼 수 있는 특징으로 여가와 레크리에이션이 국민생활을 위해 중요한 역할을 함에도 불구하고 정부의 적극적인 개입은 시도되지 않았다는 것을 뜻한다. 따라서 레크리에이션은 보다 개인적인 문제이며 조직적인 공공레크리에이션은 활성화되어 있지 않았다. 일본정부의 보다 적극적인 개입은 사회체육이라 불리는 각종 스포츠를 중심으로 하는 레크리에이션 프로그램이라 할 수 있겠다. 이러한 사회체육운동은 사실상 1964년 동경올림픽을 전후하여 시작되었는데 각종 운동경기의 대중화와 시설, 그리고 지도자 양성을 위해 주력하여 왔다.

일본의 사회체육운동은 공원관리, 청소년을 위한 건강과 체력단련 프로그램, 노인을 위한 여가생활, 그리고 직장레크리에이션을 활발하게 하였다. 그 결과 일본과 같은 좁은 국토에 500개가 넘는 골프장을 설치하였고 테니스를 비롯한 각종 운동경기를 위한 시설이 정부의 원조와 민간단체의 협동으로 이루어졌다. 그 밖의 여가시설이라면 요미우리랜드(よみうりランド)와 같은 대중위락시설, 마쓰시타 전기회사와 같은 직장레크리에이션 시설 등도 예로 들 수 있다. 일본인들의 여가활동으로는 정원 가꾸기, 연극, 도자기 만들기, 서예, 스모(일본 씨름) 관람 등을 포함하는 전통적인 활동들을 중심으로 현대적인 각종 스포츠, 게임 등과 상업적인 오락형태의 여가활동들이 성행하였다. 특히 사회체육의 활성화로 인하여 각종 스포츠 클럽이 대부분의 지방에 조직되어 있고 주민들이 활발하게 참여하고 있으며, 그 외 관광, 캠핑 등과 같이 현대적인 레크리에이션도 감행하고 있다.

여가와 레크리에이션 분야의 지도자 양성을 위한 전문교육기관은 상당히 많다. 이러한 지도자의 교육은 일본레크리에이션협회의 단기교육을 포함하여 수많은 대학을 꼽을 수 있다. 여가와 레크리에이션 분야의 대학들이 레크리에이션을 독립된 학과, 혹은 과목으로 취급하고 있다. 교육내용으로는 레크리에이션 원리, 행정, 지역사회레크리에이션, 야외레크리에이션과 캠핑게임지도방법, 그리고 스포츠 사회학 등이 주류를 이루고 있다. 일본 체육대학에서는 레크리에이션학과가 개설되어 있으며 여가계획, 여가상담, 레크리에이션 행정분야의 학사교육을 실시하였다. 실제로 이러한 전문 지도자를 위한 교육이 사회적인 요구와 어떤 조화를 이루고 있는가는 확실히 알 수 없으나 레크리에이션과 여가분야의 전문인력 양성에 대한 관심이 높음을 알 수 있다.

제2절 ❘ 영국의 레크리에이션

전통을 고수하면서 보수적인 색채가 강한 영국인들은 주로 스포츠나 게임과 같은 사회적인 신체활동을 즐겨했고, 또 예술과 문학 분야에도 관심을 가져왔다. 그렇기 때문에 축구, 테니스와 같은 스포츠를 고안해 냈으며, 크리켓(cricket), 폴로(polo)와 같은 영국 고유의 게임이 성행되었다. 영국은 1925년 전국 운동장협회(National Playing Field Association)와 1935년 신체적 레크리에이션 중앙위원회(The Central Council of Physical Recreation)의 창설 이후, 아동들과 청소년들을 위한 각종 놀이장, 운동시설, 그리고 캠핑 등 젊은이들을 위한 여가시설과 교육에 주력하여 왔다. 이러한 각종 스포츠활동과 함께 캠핑과 스키, 등산 등을 포함하는 야외레크리에이션, 문화적인 활동 등이 중심이 되었고, 그 외에 가족단위로 즐길 수 있는 수정궁전(crystal palace)과 같은 방대한 대중 여가시설과 수많은 공원이 국민의 여가생활을 위해 도움을 주고 있다. 이와 같이 영국은 레크리에이션을 위한 공공시설을 운영하고 있으나 정부의 주도적 역할은 강하지 않은 것이 특징이다. 레크리에이션과 여가분야의 전문교육은 많은 대학들이 실시하고 있는데 세부내용은 여가연구(leisure studies), 레크리에이션관리 (recreation management), 청소년과 지역사회(youth and community work), 그리고 관광 등이다. 또 대학교육을 통하여 특정분야의 자격증제도도 채택하고 있는데 특히 청소년 지도자 자격을 목적으로 하는 대학들이 많았다. 레크리에이션과 여가, 청소년교육 그리고 관광분야의 대학교육과 특수분야의 자격을 수여하는 기술학교들의 수는 50여 개로 여가에 대한 집중적인 교육을 실시하고 있으며, 레크리에이션감독(recreation supervision)을 위한 자격, 레크리에이션관리(recreation management) 분야의 자격을 위한 교육도 실시하고 있다.

제3절 | 미국의 레크리에이션

1. 국민의 여가생활 현황

미국의 레크리에이션은 한 사람의 주도에 의해 집단 전체가 움직이는 형태는 거의 찾아볼 수 없다. 이러한 집단오락은 유치원이나 초등학교 저학년에 해당하는 사람들에게만 필요하고 성인들에게는 적용되지 않는 게 보통인데 그 이유는 레크리에이션이란 개인적인 요구와 만족이 우선이며 또 권리라는 원칙과 그러한 인권을 존중한다는 개인주의적인 생활방법에서 연유되는 것 같다. 하여튼 내가 하고 싶은 것을 내 마음대로 즐기겠다는 생각이 미국인들의 여가습성이라고 볼 수 있다. 따라서 국민의 여가문제를 위한 사회의 역할도 다양한 시설을 보유하며 보람된 시간을 보낼 수 있도록 여건을 마련하는 것이 중요하게 된다. 따라서 이러한 개인주의적인 습성은 여가와 레크리에이션 활동에의 참가가 개인 혹은 가족 중심적인 형태로 변하게 하였다.

2. 정부의 역할

국민의 여가와 레크리에이션을 위한 미국정부의 역할은 매우 크다. 미국은 경제의 풍요로움과 과학의 발달로 인한 자동화라는 현대사회의 변화뿐만 아니라 건강, 혹은 여유 있는 삶을 기본으로 하는 인간의 여가문제에 일찍이 관심을 두었던 것 같다. 놀이의 교육적인 효과를 중시하여 시작된 1885년의 Sand Garden Movement를 전후하여 스포츠를 중심으로 하는 운동장, 공원을 중심으로 하는 야외레크리에이션, 그리고 자연자원 보호에 관심을 집중시켜 왔다.

미국정부가 국민의 여가와 레크리에이션 문제를 위해 얼마나 힘을 기울이고 있는가 하는 것은 그 나라의 정부조직을 보면 알 수 있다. 미국 전체를 관장하는 연방정부(Federal Government)를 비롯하여 55개의 크고 작은 주(States)들의 정부조직을 살펴보면 여가와 레크리에이션을 주 임무로 하는 부서가 반드시 설치되어 있다. 그 명칭은 Department of Parks and Recreation, Department of Natural Resources, 혹은 그 외의 다양한 이름으로 되어 있는데 이 부서들은 해당구역의 레크리에이션 문제 해결을 위해 일하고 있다. 그 내용을 보면 주로 공원을 중심으로 하는 레크리에이션, 각종 스포츠를 위한 운동장, 실내활동을 하기 위한 레크리에이션회관, 그리고 특수시설로 골프장, 수영장 등을 관리하며 주민들의 여가생활을 위해 힘쓰고 있다. 또 자연자원의 보호를 위해 낚시행위나 사냥의 제한, 환경보호에도 상당한 힘을 기울이고 있다. 이와 같은 행정체제 때문에 미국의 어느 주를 가보아도 공원, 스포츠시설, 레크리에이션회관, 골프장 등의 시설내용이 비슷하며 국가의 관리에 의해 운영되고 있다. 이러한 각종 시설을 위한 설치기준은 주로 인구에 비례하게 되는데 여가와 레크리에이션 분야의 전문단체인 National Recreation and Park Association, 혹은 AAHPERD 같은 협회들이 제언하게 된다. 미국에서도 상업오락은 상당히 유행하여 각종 프로 스포츠경기, 경마 등을 통한 복권 내기 등과 기타 여러 상업단체들을 들 수 있다. 그러나 공원, 스포츠, 레크리에이션회관, 골프장 등 대중을 위한 공공 레크리에이션의 대중화로 인해 여가와 레크리에이션이 완전히 상업화되지 않은 것이라고 할 수 있다.

3. 지도자 양성 교육현황

미국에서는 단순한 집단오락의 사회자가 거의 필요가 없으며 또 양성되지도 않는다. 왜냐하면 집단오락은 국민들의 여가생활 비중이 아주 적기 때문이다. 미국의 레크리에이션 지도자라고 하면 여가봉사단체의 운영을 관장할 행정가, 프로그램계획 그리고 감독(지도자)들을 뜻하게 된다. 즉 레크리에이션을 위한 지도자 양성교육이 상당히 전문화되어 있다고 말할 수 있는데 그중 가장 큰 이유를 들자면 공공레크리에이션의 발달이다. 다시 말하면 국가 전체의 레크리에이션 문제를 위한 정부의 작업이 아주 방대하여 전문적인 지식과 기술을 가진 정부분야의 대학교육이 필요하기 때문이다. 이러한 전문가들을 실제로 사회에서 요구하고 있기 때문에 대학을 통한 전문인력의 배출이 계속될 수 있는 것이다. 그러한 전문교육이란 한두 가지의 오락활동으로는 대신할 수 없는 일이기 때문에 4년간의 집중적인 교육을 실시할 수밖에 없다. 미국의 레크리에이션에 대한 연구분야는 상당히 세분되어 있다. 앞서 설명된 공공레크리에이션 프로그램, 공원레크리에이션, 리더십, 치료레크리에이션(therapeutic recreation), 레크리에이션 교과과정, 직장레크리에이션, 자연자원관리, 상업레크리에이션, 캠핑을 포함하는 야외레크리에이션, 노인을 위한 레크리에이션, 관광 등 그 범위가 넓기 때문에 레크리에이션이 하나의 독립된 영역으로 취급되고 있다. 이와 같이 대학에서 양성된 레크리에이션 지도자들은 각각 자기의 영역에 따라 정부에서 제공하는 직업을 갖게 된다.

이러한 대학교육은 여러 가지 형태가 있다. 즉 2년제의 전문대학, 4년제 대학교, 그리고 종합대학교로 구분되는데 각각 증서에 의한 자격인정에서부터 학사, 석사, 그리고 박사과정을 실시한다. 그 외에 레크리에이션 활동을 직접 지도하는 사람들은 특별히 양성하지 않고 필요할 때마다 대학 재학생들이나 전문적인 기술을 가진 사람들을 잠시 고용한다. 그 이유는 레크리에이션 활동의 지도는 전문적인 4년간의 교육을 필요로 할 만큼 고도의 기술이 필요하지는 않기 때문이다. 그보다 필요한 조건들은 참가자들의 자발적인 활동을 가능하게 하는 여건을 조성하고 보살피는 일이다. 레크리에이션을 위한 대학교육 내용은 학과에 따라 일정하지 않은데 여가와 레크리에이션, 그리고 놀이에 관한 이론, 심리학, 사회학, 행정, 실기, 실습 등은 거의 모든 전공분야에서 필수로 되어 있기 때문이다.

🏔️ 일본은 1964년 동경올림픽 이후 사회체육운동을 중심으로 공원관리, 청소년을 위한 건강과 체력단련 프로그램, 노인을 위한 여가생활, 그리고 직장레크리에이션을 활발하게 하였다.

🏔️ 영국은 축구를 중심으로 각종 스포츠 및 게임과 같은 사회적인 신체활동을 즐겨했고 또 예술과 문학 분야에도 관심을 가져왔다.

🏔️ 미국의 레크리에이션은 공공레크리에이션을 중심으로 공원레크리에이션, 치료레크리에이션, 야외레크리에이션, 그리고 자연자원보호에 관심을 집중시켜 왔다.

제 **5** 장

현대사회와 레크리에이션

제1절 | 현대사회의 특징
제2절 | 현대사회에 있어서 레크리에이션의 필요성

.

제5장 현대사회와 레크리에이션

제1절 | 현대사회의 특징

1. 과학기술의 시대

현대사회에서 과학기술의 발달은 우리들의 생활에 여러 가지 영향을 미치고 있다. 디지털 시대, 우주시대라고 하는 것도 모두 과학기술의 발전에 의해 초래된 것이다. 더욱이 과학기술의 발전이 산업계에 미친 영향은 기계가 인력을 대신하는 분야가 확대됨으로써 활동의 전문화, 기계화, 단순화로 인한 정신적 피로가 늘어가고만 있다. 다시 말해서 오늘날 인간은 기계의 고용인이 되어 고독감, 소외감, 창의성의 상실, 인간소외현상 등이 초래되고 있다.

2. 대량생산과 대량소비

산업의 발달에 따른 대중소비사회의 출현은 생활의 획일화를 가져왔다. 동일한 규격을 갖춘 아파트가 세워지고, 각 가정마다 거의 동일한 가전제품을 갖추고 있다. 즉 생활방식이 획일화되고 있으며, 이는 인간의 창의적 활동을 제한하는 결과로 나타나기도 한다.

3. 교통기관의 발달

과학기술의 발달은 교통 면에도 커다란 영향을 미쳤다. 이는 보다 많은 사람들을 보다 빨리 먼 거리로 수송하게 되었고, 국내 교통기관만 하더라도 고속버스, KTX 등을 비롯하여 교통도로망의 확장 등 일일생활권을 만들어주었다.

이러한 교통기관의 발달은 단순히 산업 경제면만이 아니라 국민의 여가생활에도 커다란 변화를 가져왔다. 최근 국내 및 해외여행의 증가는 국민소득의 향상, 노동시간의 단축, 여가시간의 증대라는 이유도 있지만 교통, 수송수단 개선의 역할이 크다고 할 수 있다. 그러나 각종 소음 및 공해 등 환경오염의 결과를 초래하기도 한다.

4. 도시의 인구집중

경제성장에 수반하여 산업 현장으로의 인구집중은 불가피한 현상이다. 대도시 및 그 주변으로 인구가 집중되어 과밀해지고, 도시생활이 계획적으로 수반되어 있지 못할 때는 쾌적한 도시생활을 영위할 수 없으며, 이러한 인구증가에 따른 정책이 수립되지 못할 경우에는 여러 가지 문제점이 발생할 수 있다.

5. 매스 커뮤니케이션의 발달과 정보의 홍수

여러 가지 방송매체 등 매스 미디어가 놀랄 만큼 보급되면서 외국의 정보를 쉽게 얻을 수 있으며, 이는 세계문화의 공유에도 커다란 역할을 하고 있다. 그러나 반면에 자기만의 독창적 사고력이나 체험을 갖는다는 것은 어려운 일이며, 외부로부터 일방적인 정보를 얻게 됨으로써 사물을 양분하려는 현상이 생기게 된다. 그리하여 자주성을 잃고 수동적·획일적으로 흐르게 되며 매스 커뮤니케이션이 저속한 오락형태로 흐를 때는 도리어 문화의 퇴폐, 타락을 초래하게 된다.

6. 청소년의 비행 및 범죄

최근 청소년 및 학생들의 비행 및 범죄, 기성세대에 대한 불신과 불만, 부정적 태도, 거리를 방황하는 청소년들이 날로 집단화하고 포악해지는 경향이 많다는 것은 참으로 문제시되는 일이다. 청소년선도 종합대책의 보고서에서 지적하고 있듯이 이러한 사회현상은 청소년에게 자극과 호기심, 모방심을 유인하거나, 애정결핍, 욕구 불만으로 인한 가출, 반항의식, 불화, 학교폭력 등의 결과로 나타나고 있다.

이러한 청소년 및 학생들의 비행동기와 원인은 첫째, 기성세대가 이루고 있는 사회의 그릇된 풍조에서 발생하고 있으며 둘째, 가정교육에 있어서 부모들의 철저한 선도와 애정이 결핍되어 있으며 셋째, 한국사회의 경제적인 면에서 너무나 심한 빈부의 격차로 인한 빈곤, 불만, 소외감에서 오는 것이며 넷째, 청소년을 위한 레크리에이션의 시설 및 환경이 거의 없다는 점 다섯째, 중·고등학교의 교육에 있어서 여가 및 레크리에이션 교육이 전혀 고려되지 않고 있다는 점을 들 수 있다.

7. 여가시간의 증대

오늘날 21세기를 대중 여가시대라고 말하고 있다. 우리나라의 경우에도 주 5일 근무제의 전면실시로 인하여 노동시간의 단축과 여가시간의 증대로 인한 급격한 사회변화를 체감하고 있으며, 이러한 변화에 대처하기 위해서는 선진국형 여가정책의 수립과 국민들의 건전 여가활동을 위한 프로그램의 계획 및 실행이 요구된다.

제2절 | 현대사회에 있어서 레크리에이션의 필요성

1. 여가선용을 위한 지식, 기능, 방법, 습관 등을 갖추어야 한다

우리는 현재 대중여가시대를 맞이하고 있다. 과거 어느 소수의 특정인이 소유하였던 여가는 대다수인 일반대중까지 누구나 여가의 혜택을 받을 수 있는 동등한 기회를 갖게 되었다. 이에 따른 기준과 대책을 구성해본 일도 거의 없는 무방비상태에서 여가시대를 맞이한다는 것은 대단히 위험천만한 일이 아닐 수 없다. 따라서 여가시대는 단순히 여가를 즐기는 것이 아니라 여가를 자기 자신의 것으로 알고 자기 자신의 여가를 이용하는 방법을 개발하여 창조하는 것이 바람직하다. 따라서 여가에 대한 이해, 방법, 기능, 습득을 기르도록 하는 것은 매우 중요한 일이다.

2. 자기표현(self-expression)의 기회를 갖자

사람은 누구나 자기를 남 앞에 나타내려고 하는 경향이 있다. 정치인은 정치를 통해서 음악가는 음악을 통해서 스포츠맨은 스포츠 활동을 통해서 각자가 지닌 역량이나 지식, 기술을 표현하면서 살아가고 있다. 그러나 자기표현의 기회가 배제되면 욕구불만이 쌓이게 되어 때로는 반사회적 행위로 나타날 경우도 있다. 그런데 우리들은 일반적으로 일상생활에서 좀처럼 자기표현을 할 기회가 없다. 특히 일을 하고 있는 시간에는 더욱 그렇다. 하지만 각자의 자유시간인 여가시간만은 취미활동을 통해서 자기를 표현하고 자아실현을 할 수 있다. 이러한 특성을 잘 활용하여 자기계발에 도움을 줄 수 있는 여가활동에 적극적으로 참여하는 것이 필요하다.

3. 인간관계의 형성 및 개선

우리가 가족생활이나 직장생활을 하는 데 있어서 중요한 것은 인간관계를 어떻게 원만하게 할 수 있을 것인가 하는 것이다. 인간관계는 수직관계와 수평관계에서 발생되는데 이 양자의 관계가 잘 엮어져 나갈 때 비로소 삶의 질이 향상될 수 있는 근본이 될 수 있다.

레크리에이션 활동은 여러 사람들과 어울려 즐길 수 있는 경우가 많다. 그리고 모든 이해관계를 떠나서 동등한 위치에서 참가하게 됨으로써 평소의 사회적 신분, 직업의식, 위화감 등은 모두 사라져버리고 오직 기쁨과 즐거움이 가득한 분위기를 창출할 수 있는 장점이 있다. 따라서 원만한 인간관계를 형성하기 위해서는 긍정적 여가활동에 참여하는 것이 더욱 중요해지고 있다.

4. 스트레스(stress)의 해소

현대생활에서 정도의 차이는 있겠지만 스트레스를 받지 않고 사는 사람은 거의 없을 것이다. 특히 생활이 복잡하고 바쁘고 인간관계에 시달릴수록 많은 스트레스를 받기 마련이다.

현대사회에서 스트레스 병이란 부적절한 대인관계 및 일의 압박 때문에 생긴 신경병이라고도 한다. 현대병이라고 하는 각종 성인병과 정신적 질환 등은 대부분 그 원인이 스트레스에서 오는 것으로 알려져 있다.

복잡하고 바쁜 우리 사회생활에서는 스트레스가 쌓이기 마련이지만 스트레스를 어떻게 빨리 해소하느냐에 따라 욕구불만을 해소하고 자기를 표현할 수 있는 기회를 통하여 각자에게 주어진 귀중한 자유 시간에 자기가 좋아하는 활동을 마음껏 즐기며, 마음껏 생각하고 느끼고 표현할 수 있는 방법은 레크리에이션 활동을 통해서 이룰 수 있는 것으로 현대사회에서의 필수요인이라 할 수 있다.

5. 심신의 건강과 체력 향상

심신의 건강은 행복한 삶을 영위하는 데 기반이 되며 삶의 질 향상에
있어서도 기본 조건이 된다. 그러나 현대사회에서의 일상생활 조건은 우
리들에게 절대적으로 운동부족이라는 현상으로 나타나고 있다. 더욱이
산업계의 자동화로 말미암아 기계가 인간 노동력의 98.5% 이상을 담당하
게 되었다. 다시 말해서 기계가 인력을 대신하는 분야가 대체적으로 확대
됨으로써 신체운동이 감소되고 운동부족이란 현상이 나타났다. 이는 바
로 인간 행복의 근원인 건강 및 체력의 저하를 초래할 뿐만 아니라 모든
성인병의 주요인이 되고 있다.

따라서 최근에 성행하는 캠핑이나 야외활동 등의 자연조건과 하나가
될 수 있는 보다 적극적인 야외레크리에이션의 참여는 국민건강 및 체력
향상에 도움을 줄 수 있는 바람직한 여가활동이라 할 수 있겠다.

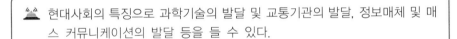

현대사회의 특징으로 과학기술의 발달 및 교통기관의 발달, 정보매체 및 매
스 커뮤니케이션의 발달 등을 들 수 있다.

현대사회에서의 레크리에이션 필요성은 여가선용방법, 자기표현의 기회,
인간관계 형성, 스트레스 해소, 심신의 건강증진으로 볼 수 있다.

제**6**장

청소년 선도와
레크리에이션

제1절 | 청소년의 심리
제2절 | 청소년을 위한 레크리에이션 프로그램

제6장 청소년 선도와 레크리에이션

제1절 | 청소년의 심리

1. 청소년의 범위와 특징

청소년에 대한 연령구분은 일정하지 않다. 심리학적인 청소년의 연령은 대체로 13~19세에 해당되며 법적인 구분은 14~20세의 남녀를 의미한다.

이 시기는 여러 가지 특징과 어려움을 갖고 있다. 그중의 하나가 성인기에 처해 있다는 사실이다. 따라서 심신의 부조화를 지적할 수 있다. 즉 신체적으로는 성의 세계로 줄달음치는 반면 정신적으로는 아직 신체적 발달에 상응한 적당한 성인의 대우를 받지 못하기 때문에 여러 가지 좌절과 당황을 경험하게 된다. 구체적인 현상으로는 심신의 발달에 비해 장기간의 학교생활과 가장 왕성한 성적 욕구를 가지고 있는 시기에 가장 철저하게 억제해야 한다는 인간생활의 부조리를 지적할 수 있다. 그 외에도 우리의 형편으로 본다면 입시로 인한 고통과 전적으로 부모에 의존해야만 하는 전통적인 가족생활방법도 청소년기의 특징으로 간주할 수 있다.

2. 청소년과 사회변화

여기서의 사회변화란 사회적인 성격을 습득하게 되는 소위 사회화를 뜻한다. 즉 청소년들이 어떠한 주체를 통해 자신들의 사회적인 성장을 도모하는가 하는 문제를 의미한다. 청소년들은 대개 가족, 학교, 교우 집단, 그리고 매스컴에 의해 사회화된다. 이 요인들은 모두 청소년에게 중대한 영향을 주고 있는데 교우 집단은 상당히 큰 비중을 갖는 비의도적인 사회화가 이루어지게 되는 조건이다. 따라서 많은 통계가 지적해 주고 있듯이 청소년들이 가장 중요하게 생각하고 있는 것이 바로 교우 집단이다. 그 이유는 모두가 같은 처지에 있기 때문에 협동, 이해, 용서와 같은 의도적인 사회화에는 쉽게 적응하기 힘들고 갈등과 기타 잡다한 문제들을 겪게 된다.

또 청소년들이 가족이나 학교에 적응하기 힘든 원인 중의 하나는 우리 고유의 생활태도나 교육방식에도 있다. 즉 상하관계가 너무 뚜렷하여 독자적인 세계를 형성해 가고 있는 청소년들에게는 매력을 잃기 쉽다. 따라서 그들을 순종해야만 하는 부하로 보는 태도 대신 동등한 입장에서 대해 주는 것이 필요하다. 그 외에도 사회의 매스컴이 전해주는 사회화도 상당히 강한 영향을 갖는다. 특히 성에 관한 지식은 거의 매스컴을 통해 얻게 된다.

3. 청소년과 범죄

청소년들에 의한 과격행위, 혹은 반사회적 행동은 그 규정과 형태가 상당히 애매하고 또한 종류가 많다. 따라서 범죄라고 하면 실제적으로 법률적 위반행위를 의미하는데 청소년들에 더 많이 적용되고 있는 용어는 비행이라는 단어이다. 즉 청소년 범행은 대부분 청소년들이 일으키는 위법행위라 할 수 있는데 성인들에 의해 행해졌을 경우 확실한 범죄가 될 수 있는 것들이다. 그 이유는 성인범죄로부터 청소년의 범죄를 분리시켜 처리할 필요가 있기 때문이다. 그러나 청소년 비행이 모두 실제적인 위법사실만은 아니고 이탈이나 반사회적 행위 등도 포함되어 있다. 또 그 외에 무단결석과 같이 정해진 규칙을 위반하는 행위도 비행으로 간주할 수 있다. 이와 같이 청소년 비행은 그 범위가 상당히 넓고 또 사회에 따라 측정이 다를 수도 있다. 우리나라의 소년법에 의하면 이러한 비행소년에 속하는 사람들은 형벌사회에 저촉되는 행위를 했을 경우 형사적인 책임을 지게 되는 만 14세 이상 20세 미만의 청소년인 범죄소년, 범죄행위를 했으나 형사적인 책임이 없는 12세 이상 14세 미만의 청소년인 위법소년, 그리고 보호자의 정당한 감독에 복종하지 않거나, 가출, 부도덕한 자와 교제하는 등, 장래위법 가능성이 있는 12세 이상 20세 미만의 소년 등 세 종류의 비행소년으로 구분된다. 그러나 그 외에도 음주, 흡연, 흉기소지, 싸움, 부녀 겁탈 등 소위 풍기문란행위를 한 20세 미만의 불량행위 소년도 있고, 비행소년이라고는 할 수 없으나 학대를 받거나, 보호자로부터 방임된 소년들도 고려할 수 있다.

제2절 ┃ 청소년을 위한 레크리에이션 프로그램

1. 청소년의 놀이습성

청소년기는 인생이라는 전 과정을 통하여 주목할 만큼 의미를 지니고 있다. 심신의 변화 및 미래를 향한 그들의 역할이라는 점에서도 그렇다. 따라서 그들이 노는 습성을 보다 올바르게 파악하기 위해서는 청소년기를 중심으로 하는 전후의 세대를 반드시 고려해야 한다. 즉 전기에 속할 수 있는 소년기와 후기에 해당할 수 있는 청소년, 혹은 성인기의 특성을 지닌 프로그램이 중요하다고 본다. 왜냐하면 청소년기에 해당하는 사람들은 대부분 실제로 소년이면서도 성인 대접받기를 바라고 있기 때문이다. 따라서 다양한 놀이형태의 활동들과 함께 성인에게 어울리는 사회봉사활동, 그리고 직업에 관계되는 활동들을 선택할 필요가 있다. 또 한 가지 중요한 점은 그들 세대에서 통하는 특수문화, 즉 유행어, 이상스러운 경향들을 지도자가 이해할 필요가 있다는 것이다. 이와 같이 단순한 오락뿐만 아니라 그들이 실제로 사회에 유익한 직업성을 갖는 프로그램을 Butler(1980)는 Workreation(Work+Recreation의 합성어)이라고 하였다.

2. 프로그램 설정의 원리

① 정서의 발달과 신체적인 건강에 도움이 될 수 있는 활동
② 성격발달을 도울 수 있는 활동
③ 사회적 적응을 위한 활동
④ 지역사회에 대한 애착심을 길러줄 수 있는 것
⑤ 성인 시기에 이용할 수 있는 여가기술과 태도를 길러줄 것
⑥ 자신감과 독립심을 살릴 수 있는 활동
⑦ 각자의 취미를 살릴 수 있는 활동
⑧ 학습과 직업에 관계되는 활동

3. 프로그램 계획 시 고려사항

① 지도의 목적
② 참가자들의 흥미
③ 연령과 성
④ 활동장소
⑤ 참가자들의 경험과 기술능력

⑥ 참가자의 규모

⑦ 참가자들의 특성(문제청소년들에 대한 파악)

4. 청소년 프로그램 지도

청소년을 위한 레크리에이션 지도는 다음과 같은 내용에 따라 실시함이 바람직하다.

① 지도자의 위치를 너무 강하게 각인시키지 않는다.

② 참가자들의 자율성을 최대한 활용한다.

③ 신뢰감을 준다.

④ 지시나 명령을 피한다.(예, "나라면 이렇게 할 것이다"라는 등의 표현으로 상대를 유도한다.)

⑤ 음주, 흡연에 관해 사전에 명확한 규칙을 정하고 참가자들의 동의를 얻는다.

⑥ 지나친 남, 녀 구별을 삼간다.

⑦ 지나친 사회적 비판을 금한다.

🔊 청소년에 대한 연령구분은 일정하지 않다. 심리학적인 청소년의 연령은 대체로 13~19세에 해당하며 법적인 구분은 14~20세의 남녀를 의미한다.

🔊 청소년기는 인생이라는 전 과정을 통하여 주목할 만큼 의미를 지니고 있다. 심신의 변화 및 미래를 향한 그들의 역할이라는 점에서도 그렇다.

야외교육 및 야외활동

제1절 | 야외교육의 개념
제2절 | 야외활동 계획

제**7**장 야외교육 및 야외활동

제1절 | 야외교육(Outdoor Education)의 개념

1. 야외교육의 정의

야외교육이란 자연을 상대로 야외의 천연자원을 이용하는 교육활동으로서 자연을 애호, 보존하는 것을 배우며 지적, 정서적, 보건 체육적 및 레크리에이션적인 모든 야외활동을 통해서 창조성, 사회성과 건강한 심신을 육성할 수 있도록 교육적 효과를 얻고자 하는 활동이다.

야외교육이란 용어는 1948년 미국의 교육관계의 제 단체들이 학생들에게 야외에서의 교육경험을 갖게 하기 위해 캠프를 실시하면서부터 일반적으로 사용하게 되었다. 즉 야외교육의 목적을 달성하기 위한 모든 활동을 야외활동이라 할 수 있으며 야외에서 행하는 활동 중에서도 일반적인 스포츠나 특정의 연구조사를 제외한 주로 자연을 이용해서 행하는 레크리에이션적인 활동을 순수한 야외활동이라 한다. 하이킹, 사이클링, 해수욕, 수렵, 승마, 야영 등이 속한다.

일본의 경우 1960년 이후 경제성장과 도시화로 인하여 청소년들의 자연체험과 야외놀이의 기회가 많아졌으며, 청소년들의 탈선을 방지하기 위한 일환으로 야외교육에서 얻을 수 있는 교육적 효과를 중요시 여겼다. 즉 청소년에게 공동생활을 통해 협동심과 스스로 생활할 수 있는 힘을 길러줄 수 있는 야외놀이는 일반에게까지 급속히 전파되면서 자연 파괴의 문제에 도달하게 되어 자연보호와 그 이용방법 등 야외교육의 필요성을 느끼게 되었다.

2. 야외교육의 내용

미국의 AAHPERD(The American Alliance for Health, Physical Education, Recreation and Dance)에서는 "야외교육은 야외에서의 학습활동을 말하며 천연의 제 자원 및 야외에서의 활동이 생활의 장과 직접 연결되는 학습활동을 포함하는 것이다"라고 말하고 있다. 즉 야외교육은 교육의 목표를 달성하기 위하여 자연환경을 재미있게 이해하고 현명하게 이용하는 것을 포함하는 직접적인 학습경험으로 구성된다고 설명한다. 따라서 야외교육은 교육의 제 목표를 달성하기 위해 천연자원이나 야외환경을 최고도로 활용하기 위한 교육의 방법이라고 말할 수 있겠다.

미국의 Donald Son은 야외교육의 구체적인 내용으로 다음의 4가지를 설명하고 있다.

① 야외에 있어서의 교육(In Outdoor Education)
② 야외에 관한 교육(About Outdoor Education)
③ 야외를 위한 교육(For Outdoor Education)
④ 야외에 의한 교육(By Outdoor Education)

1) 야외에 있어서의 교육(In Outdoor Education)

교실에서의 학습과는 반대로 야외에 나와 자신을 둘러싸고 있는 자연을 통해 직접 학습하는 교육을 말한다.

첫째, 자연 속에서 오감을 충분히 사용하여 여러 가지 동, 식물과 자연현상에 접하면서 그 속에서의 움직임들을 생생하게 자연의 경험으로 체험하게 된다.

둘째, 자연과의 직접적인 접촉을 통해 체험된 지식은 학생들의 사고과정을 자극하고, 자연에 대해 생각하고 느낄 수 있는 능력을 발달시켜 현실의 생활행동 중에서 자연의 오묘한 내용을 인식할 수 있는 구체적 행동을 유발시키는 원동력이 된다.(예: 자연보호교육, 환경교육에 미치는 자신의 역할 인식)

셋째, 자연의 직접적 체험에서의 학습효과를 높이기 위한 것으로 간접적 경험에 의한 교육의 역할도 중요하다(슬라이드, 영화, 강의, 토론). 이러한 간접경험에 의한 교육은 다양성을 갖게 하며, 마음에 강하게 느껴진 개개인의 체험을 자연의 전체적 분위기와 일체감을 느끼게 하여 인간생활과 자연과의 폭넓은 관계를 인식하게 한다.

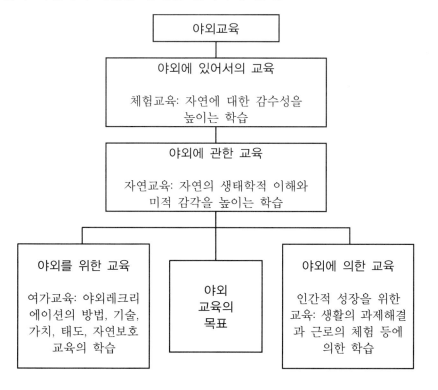

2) 야외에 관한 교육(About Outdoor Education)

야외교육의 내용 중에서 가장 커다란 비중을 차지하고 있다. 그것은 전문화된 단일학습영역으로서가 아니고 야외에 있어서의 지식이나 기술의 종합적 학습을 하는 것이 제일 큰 특징이고, 교실에서의 간접경험과 야외에서의 직접경험을 상승시키는 것이 그 다음의 특징이다.

즉 기존의 교과 역시 교실에서의 학습으로 끝날 것이 아니고 야외에서 자연을 직접적인 학습의 장으로 활용함으로써 그 내용이 풍부해지고 학습효과도 높일 수 있도록 자연을 보다 잘 이해하고 야외레크리에이션 기술을 습득하여 교육목표를 향해 종합적으로 움직일 수 있도록 병행하여 계획되어야 할 것이다.

그리고 이러한 직접적인 경험에 의한 다양한 학습의 성과를 정리하고 하나의 의미가 전체를 종합하는 것은 강의, 토론, 슬라이드 등을 이용한 간접적 경험에 의한 교육의 역할이다.

3) 야외를 위한 교육(For Outdoor Education)

야외를 위한 교육의 주요한 내용은 야외레크리에이션 기술의 학습이다. 현대는 노동시간의 단축에서 비롯된 여가시간의 비약적 증대의 시대로 여가의 현명한 이용을 통해 생활에 충실하고 보람을 느끼게 되었다. 반면 풍부한 여가를 초래한 고도의 경제성장은 자연환경을 위시하여 사람들의 생활에서 여가를 즐기기 위한 공간을 빼앗았다. 그 결과 사람들은 여가에 충실을 기하고 자연과 접촉하기 위해 산이나 들, 바다로 나가게 되었다.

그러나 야외레크리에이션시대는 문화적 전통의 기반이 비교적 짧기 때문에 발전해 가는 과정에서의 문제점을 인식하고 해결해 가는 방도를 모색하지 않는 한 야외레크리에이션의 자기빈곤화현상은 점점 증가할 뿐이다.

산나물 채집이나 스쿠버다이빙에 의한 고기잡이는 농민이나 어민의 생활권을 맛보게도 하며, 고산식물이 황폐화되기도 하고 관광지에 먼지가 산처럼 쌓인 현상이 많은 것은 진정한 야외레크리에이션의 대중화를 향한 과도기의 혼란현상이라 할 수 있겠다. 이러한 현상은 우리에게 새로운 시대의 야외레크리에이션의 규칙과 도덕적 개념의 빠른 정립을 촉구하게 되는 것이다.

4) 야외에 의한 교육(By Outdoor Education)

야외생활의 협동을 통해 인간적 성장을 목적으로 하며, 야외교육을 대표하는 캠프처럼 일상적인 생활을 떠나 1일 24시간을 자연 속의 집단에서 보내는 경우가 많다.

야외의 불편한 생활조건 속에서 생활의 공동체를 성립시키기 위해서는 학생들에게 다양한 생활 프로그램상의 과제 해결을 경험토록 해보자. 그리고 서로 협력하면서 과제를 해결해 가는 경험을 통해 협력, 책임, 정의, 우정, 봉사 등의 인간적인 가치의 의미를 이해하고 인간관계를 구축하는 기술, 태도도 배운다.

또 야외에 있어 생활상의 과제는 한 개의 문제에 한 개의 답이 데이터에 준비된 것이 아니고 시행착오의 노력을 더해 새로운 결과를 얻는 것이 많다. (예를 들면 맛있는 밥을 지을 때 물의 가감, 불과 조리의 시간적 조정의 어려움 등) 이러한 과정을 통하여 욕구충족 혹은 과제 해결방법을 경험하고 진정한 노동의 의미와 가치도 배우게 되는 것이다.

3. 야외교육의 전망

야외교육은 이와 같이 교실에서 학습한 것을 자연환경에서 실천하는 체험교육으로 사회성 함양 및 야외레크리에이션을 통한 자연보호교육, 환경교육에 이르기까지 광범위하고 다양한 학습내용이 포함된다.

Dimock는 미국 캠프의 발전단계를 다음과 같이 서술하고 있다.

① 레크리에이션의 단계(1891~1920년대)

② 교육성 강조의 단계(1920~1930년대)

③ 사회성 강조의 단계(1930년대 이후)

캠프에서 레크리에이션이 강조된 시대는 남북전쟁 후의 미국이 공업국가로서의 급속한 발전과 도시화의 진행에 의해 학생들 생활환경의 빈곤화가 배경이 되었고, 또 이 시기에 보스턴에서 시작된 놀이해방운동(Play Round Movement)이 최고조에 달한 것도 그 원인이 된다.

동시에 캠프의 교육성이 강조된 시대는 제1차 세계대전 후의 심리학이나 사회학, 진보적 교육학 등의 사회 제 과학의 발전이 배경이 되었다.

J. Kirk는 1940년대 이후의 야외활동교육의 발전단계를 다음과 같이 말하고 있다.

① 야외레크리에이션 강조의 시대(1940년대)

② 커리큘럼 강조의 시대(1950년대)

③ 자연보호 강조의 시대(1960년대)

④ 환경교육 강조의 시대(1970년대)

4. 야외교육의 목적

미국 야영위원회는 1948년 교육단체를 통하여 청소년 캠프를 위한 야외교육의 목적을 제정하였으며 그 내용은 다음과 같다.

① 자연생활에 적응하는 능력을 배우고 일상생활에 필요한 기술을 습득한다.

② 건강한 체력을 양성하고 인격을 수양할 수 있다.

③ 자연의 단순한 생활에서 창조력을 얻을 수 있다.

④ 집단생활 경험을 통하여 민주적 사고방식과 생활태도를 기를 수 있다.

⑤ 여가를 건전하고 즐겁게 이용할 수 있다.

제2절 | 야외활동(Outdoor Recreation) 계획

1. 야외활동의 뜻

현대사회는 고도의 물질문명이 발달하고 과학기술의 혁신으로 종래의 생활조건이 크게 변화하여 여가문화적인 생활을 영위하게 되었다. 즉 작업의 기계화와 생활의 합리화로 노동시간의 감소와 여가의 증대를 얻게 되었으며, 상대적으로 여러 가지 문제(작업의 기계화에서 오는 단조로움과 신체활동의 축소, 욕구불만, 정신적 긴장 등)들이 속출되어 건강에 커다란 영향을 미치게 됨 또한 부인할 수 없는 사실이다.

그중에서도 특히 대기의 오염과 소음, 그리고 공장에서 내뿜는 악취와 폐수 등에 의하여 가로수가 마르고 물고기들이 자취를 감추는 등의 현상이 날로 심해지고 있으며, 또 복잡한 사회에 당면한 청소년들은 자신들이 요구하는 욕구(자기표현, 자아실현, 집단의식 등)를 충족시키지 못하자 하나의 대상적 행동으로 자기보다 약한 자를 공격하고 기물 파괴, 절도 등 반사회적인 문제들을 일으키곤 한다.

그러므로 우리들은 산과 들 그리고 강과 바다를 찾아서 자연과 더불어 생활하고자 하는 제2의 생활을 요구하게 된다. 예를 들면 주말이면 배낭을 메고 혹은 낚싯대를 들고 야외로 나가는 모습들을 흔히 볼 수 있다.

이처럼 야외에서 행하는 모든 스포츠나 레크리에이션 활동을 우리들은 야외활동(야외레크리에이션)이라고 한다. 그러나 야외활동에 대해 좀 더 구체적으로 말한다면 자연환경 속에서 전개되는 모든 활동 가운데 비교적 신체적 운동을 수단으로 하여 이루어지는 활동, 즉 하이킹, 캠프, 사이클링, 호스텔링, 등산, 피크닉, 수렵, 오리엔티어링, 해수욕, 요트, 보트 그리고 카누 등은 야외활동에 있어서는 활동 그 자체를 즐기고자 하는 것에 중점을 두고 있다는 것이다. 그러므로 야외활동은 자연 속에서 자연과 친화하고 또 자연과 더불어 호흡한다는 뜻이 된다.

2. 야외활동의 가치

야외활동은 복잡한 도시생활을 벗어나 대자연 속에서 많은 활동을 통해 풍부한 경험을 쌓을 수 있게 한다. 그중에서도 특히 자율적인 생활태도와 체력 육성, 자연에 대한 이해와 그에 관한 지식, 그리고 가족이나 친구들과 함께 공동생활을 함으로써 진정한 인간관계를 나눌 수 있는 기회를 가질 수 있게 된다. 따라서 야외활동의 가치는 그 의미가 크다고 할 수 있다.

1) 신체적 가치

① 성장과 발달

신체는 적당한 운동 자극을 가하게 되면 그 자극에 대하여 적응하려는 생체의 노력이 일어나게 되므로 신체의 형태가 크게 변화할 뿐만 아니라 신체의 각 기능도 원활해져서 신체적 성장과 발달을 돕게 된다. 독일의 생물학자 루(Roux)는 신체를 적당하게 사용하면 증대, 강화되고 그렇지 못하면 약화되며, 신체운동이 인간의 성장발달에 있어서 불가결의 요소임을 강조하고 있다.

이처럼 신체운동에 대한 중요성은 재론할 여지가 없는 것이며, 우리들은 광활한 대자연 속에서 다양한 프로그램을 전개함으로써 신체의 발육발달은 물론 인간으로서의 정상적인 활동을 수행할 수 있는 능력을 길러야 할 것이다.

② 신체의 기능

신체의 운동을 적당하게 행하면 신체의 형태가 크게 변화하고, 또 신체 각부의 기능도 현저하게 발달하여 작업의 능률을 올리게 되며, 근육계의 변화, 호흡계의 변화, 혈액순환계의 변화는 물론 영양분의 소화 및 흡수 능력을 촉진시켜 신진대사를 왕성하게 할 뿐만 아니라 생체의 활기를 갖게 한다.

하지만 신비로운 대자연을 대상으로 산을 오르고, 바다를 헤엄치고 하는 야외활동은 자칫 잘못하면 자신도 모르는 사이에 안전사고를 유발하는 경우가 많이 발생하므로 신체에 무리가 따르는 일이 없어야 하며, 사전계획에 의하여 충분한 휴식과 합리적인 방법으로 야외활동을 행한다면 우리가 기대하는 신체기능의 효과를 충분히 얻을 수 있다.

③ 신체적 기술

현대사회의 기계화 문명은 극도로 발달되고 있으며, 이러한 현대사회 생활 속에서 물건을 제작하고, 그것을 조정하려면 그에 알맞은 신경근육의 발달과 훈련이 되어 있어야 한다. 물론, 옛날 사람들은 신체를 기구로 사용하여 왔기 때문에 특별한 신체적 능력이 없어도 원만한 생활을 할 수 있었지만 오늘날과 같은 급진적인 산업사회가 이루어지고 있는 현실 속에서는 신체적 기계조작 능력이 없이는 이에 적응하기가 매우 어렵다. 그러므로 체력을 육성하기 위해 신체운동의 기회를 충분히 가져야 한다.

따라서 야외활동은 자연의 어려운 환경 속에서 이를 극복하려는 다양한 활동이 이루어지게 됨으로써 민첩한 신체적 능력과 기계를 조작하는 데 필요한 체력을 향상시킨다.

2) 심리적 가치

① 욕구 충족

인간은 욕구를 충족시키지 못하거나 이를 억제하면 항상 불만을 초래하게 되어 비행의 원인이 되기도 한다.

다시 말해서 강한 정서적 긴장은 원망과 불평, 흥분과 분노, 불안과 초조, 발작과 공격 등의 반사회적인 행동을 유발한다. 따라서 이러한 욕구불만의 요인을 가장 적절한 방법으로 해소시켜야 하는데 그 하나의 좋은 방법이 야외활동이다.

특히 야외활동은 다양한 자연경관을 감상하며, 자연의 신비와 섭리 속에서 여러 가지 호기심을 갖는 활동을 하여 노력과 인내로써 이룬 성취감과 만족감을 맛보게 되며, 이로써 자신의 정서를 조정하는 욕구 충족의 기회를 갖게 한다.

② 현대생활의 긴장 해소

현대인은 큰 기계군에 종속되어 살아가고 있다고 해도 과언이 아니다. 그래서 개인은 이러한 기계군에 봉사하고 복종하며 생활하고 있기 때문에 이미 개체성을 상실하고 있음은 물론 인간의 존엄성마저도 잃고 있는 실정이다. 또한 작업의 분업화로 인하여 부분적 혹은 전신적 활동을 제약하고 있을 뿐만 아니라, 다원화된 사회구조로 인하여 격리감과 불안감, 또는 불신감이 조성되어 항상 우리들에게 긴장감을 과중시키고 있다.

이처럼 복잡하고 각박한 현대사회 속에서 우리들은 어떻게 긴장과 불만을 해소시키고 허탈감에서 벗어나 희열을 맛볼 수 있을 것인가를 갈망하게 되며, 개인의 특성과 구체적 자아를 허용하는 야외활동은 타의로 축적된 긴장을 자의적인 활동에 의하여 해소시킬 수 있다는 점에서 매우 바람직하며, 그 가치를 높이 인정하는 것이다.

③ 의욕과 실천적 인간 형성

오늘날의 교육이상은 전인적 인간 형성을 위해 그 어느 때보다도 더욱 깊은 연구와 검토가 이루어지고 있다. 이것은 종래의 교육양상이 아동들의 개성과 잠재능력을 무시하고 입시위주의 주입식 경향으로 흘렀기 때문에 현대사회에서 요구하고 있는 민주시민으로서의 자질, 즉 의지적, 실천적, 도덕성을 잃고 있다는 점이다. 다시 말해서 책을 많이 읽고 많은 지식을 알고 있다고 하더라도 그것을 몸소 실천하지 않는다면 아무런 가치가 없는 것이다.

그러므로 편중된 지적 발달의 교육방식을 지적, 행동적으로 겸비된 조화적인 인격으로 형성시킬 수 있는 교육방식으로 전환시켜야 할 것이다.

또한 실천적 인간을 육성하기 위해서 무엇보다도 인간의 바탕 위에 뿌리박은 본능과 정서발달의 기회를 갖도록 하여야 하는데 그러한 산 경험의 장이 바로 탐험과 모험으로 이루어지는 야외활동이라 하겠다.

3) 사회적 가치

① 사회성 배양

현대사회의 구조는 매우 복잡하게 이루어져 있어서 우리들은 여기에 적응해 나가기 위해 부단히 노력하지 않으면 안 된다.

따라서 이러한 사회적 환경에 적응하거나 도전하기 위해서, 혹은 이러한 문제를 스스로 해결할 지식과 기능 및 태도 등을 익혀나가기 위해 그 어느 때보다도 교육의 필요성이 강조되고 또 절실히 요청되고 있는 것이다.

더구나 인간은 개체라기보다는 상호의존적 존재이기 때문에 '우리'라는 공동의식체를 떠나서는 생존하기 어려우므로 우리들은 그 사회가 형성하고, 또 요구하고 있는 전통과 풍습을 통하여 점차적으로 보완해 나가야 한다.

이러한 관점에서 야외활동은 순수한 자연을 대상으로 공동의 목표를 달성하기 위해 노력하는 가운데 자기의 책임과 의무, 질서와 규칙, 협력과 조력, 사교와 예의, 의지와 극복, 자제와 관용 등의 현대사회가 요구하고 있는 사회성을 배우게 함으로써 원만한 사회생활을 영위하여 나갈 수 있게 한다.

② 여가선용

현대사회는 노동력의 감소와 더불어 여가시간의 증대를 가져오고 있다. 점차 늘어나는 많은 여가시간을 어떻게 보내야 할 것인가에 대하여 고려하지 않을 수 없으며, 사회적으로도 매우 심각한 문제로 대두되고 있다. 만일 이러한 시간을 생활에 의한 긴장 해소나 창조적인 활동으로 건전하게 활용하여 나아간다면 개인은 물론 융성한 사회를 이룩하게 될 것이다. 그러므로 이러한 많은 시간들을 유효적절하게 활용해야 하는데 그 하나의 좋은 예가 야외활동이다.

특히 야외활동은 자연에 대한 미지의 세계를 탐구함으로써 새로운 지식을 터득함은 물론 창의적인 연구방법을 착안해야 하는 활동이 주로 이루어지기 때문에 건전한 여가선용의 방법으로 가장 이상적인 활동이라 하겠다.

③ 건강증진

원래 인간은 생물학적 존재이기 때문에 유전인자를 가지고 태어나서 환경에 의하여 각양각색으로 변화하게 되므로 타고난 소질을 잘 가꾸고 개발하기 위해서는 유익한 환경을 조성해야 한다.

그러나 인간사회의 문화는 생물의 본질적인 것에 대해 악영향을 미치는 요인들이 많이 있어서 자칫 잘못하면 자신도 모르는 사이에 커다란 과오를 범하게 된다. 다시 말해서 기계의 혜택으로 인한 운동부족, 의학의 발달로 인한 의약품 남용, 법의 발달로 인한 자기보호의 투쟁력 감소 등 여러 가지 문제들이 야기되고 있으므로 우리들의 몸과 마음은 날로 쇠약

해지기 쉽다. 따라서 우리들은 이에 대응해 나가기 위해 신체적, 정신적으로 건전한 활동을 의도적으로 혹은 계획적으로 실시해야 한다. 아름답고 광활한 대자연 속에서 마음껏 걷고, 오르고 감상하며 즐긴다는 것은 개개인 심신의 건강증진을 위해 매우 필요한 것이라 할 수 있겠다.

3. 야외활동의 계획

야외활동을 성공적으로 마치려면 먼저 분명하고 뚜렷한 계획을 세워야 한다. 다시 말해서 언제, 어디서, 무엇을, 어떻게 할 것인가에 대하여 확실하고 치밀한 계획을 세워야 모처럼 갖는 야외활동을 명랑하고 즐겁게 보낼 수 있는 것이다.

만일 이 중에서 어느 하나라도 소홀하거나, 미비한 상태로 야외활동을 실시하게 된다면 예기치 못한 사고가 발생할 수도 있다. 그러므로 즐겁고 보람된 야외활동을 갖기 위해서는 무엇보다 세밀하고 빈틈없는 계획을 세워서 충실하게 운영해 나가도록 해야 하며, 계획 수립은 어떤 특정인이 독단으로 세워도 안 되고 참가자 전원 혹은, 대표자가 모여서 충분한 협의를 거쳐 작성되어야 한다.

따라서 사전에 몇 개의 후보지를 선정하여 일정과 경비 등을 고려한 후에 결정하는 것이 바람직하다. 또 학교나 직장과 같이 조직적인 캠프활동을 할 때에는 반드시 준비위원회를 구성하여 활동 전반에 대한 계획과 운영을 관장하도록 하는 것이 능률적이다.

특히 준비위원회는 조직단위의 대표들로 구성하여 계획 작성, 역할 분담, 광고 선전, 참가자 모집, 계획에 따른 모든 준비 등을 주관하도록 하는 동시에 활동의 명칭, 장소, 기일, 일정표, 신청기간, 경비, 숙박시설, 준비요원 명단 등을 자세히 기입한 안내서를 배포하여 참가자가 사전 예비지식을 갖도록 홍보활동을 하는 것도 잊어서는 안 된다.

1) 어디로 갈 것인가?

산이나 호수가 있고 자연이 풍부한 장소를 선택하여 여러 사람이 함께 즐거운 야외활동을 행한다는 것은 매우 중요한 일이다.

그러나 아무리 아름답고 자연환경이 좋다고 하더라도 목적달성이 어렵거나 교육적 성과를 거두기가 곤란하며, 현지에서 음식물, 연료 등을 구입하기가 힘들고 위험성이 따른다면 그곳은 야외활동의 장소로서 적합하지 못하다. 그러므로 알맞은 장소를 선택하기 위해서는 몇 개의 후보지를 선정하여 그 지역에 대한 지도를 미리 구입하고 그 지역의 사전답사와 특성 및 정보를 입수하여 충분히 검토한 후에 결정하는 것이 바람직하다.

야외활동의 장소로서 가장 적합한 기준은 다음과 같다.

① 자연자원이 풍부하고 안정된 곳
② 적당하고 넓은 활동장소가 있어서 캠프활동이나 스포츠, 게임을 할 수 있는 곳
③ 외부사람의 출입이 적고 조용한 곳
④ 유해곤충 및 유해식물이 없는 곳
⑤ 배수가 잘되며 건조한 곳
⑥ 안전한 호수나 하천이 가까이 있는 곳
⑦ 양질의 음료수를 구할 수 있는 곳
⑧ 자동차가 들어갈 수 있는 비교적 교통이 편리한 곳

2) 언제 실시할 것인가?

야외활동을 실시하기 위해 날짜를 확정한다는 것은 그렇게 쉬운 일이 아니다. 대개의 가정이나 학교 및 직장에서는 일요일이나 공휴일을 이용하는 경우가 많으나, 일요일과 공휴일에는 휴일을 즐기려는 많은 사람들이 일정한 장소로 몰려들기 때문에 대부분이 복잡하다. 따라서 가급적이면 복잡하지 않은 시기를 이용하는 것이 혼잡을 피한다는 의미에서 바람

직하다.

그리고 농어촌의 농번기 중에는 지역사회에서 좋은 반응을 받지 못하며, 학교에서도 중간고사나 기말고사를 앞둔 야외활동의 계획은 현명하지 못하며, 또한 일요일이나 국경일, 혹은 기념일을 선택했을 경우에는 종교의식이나 기념행사를 조회나 의식행사 속에 간단히 넣어 주관하는 것이 좋다.

3) 어떻게 갈 것인가?

야외활동에 참가한 모든 사람들이 목적지까지 어떻게 갈 것이며, 장비와 식료품 등은 어떻게 운반해야 할 것인가에 대하여 그 대책을 세우지 않을 수가 없다. 물론 목적지가 가까운 곳에 있다면 각자 또는 반별로 모여서 전체가 집합하는 장소로 가면 되겠지만, 만일 그렇지 못하고 꼭 교통수단을 이용해야만 한다면 그에 따른 제반문제를 고려하여 확실한 대책을 세워야 할 것이다.

다시 말해서 참가인원은 몇 명이나 되고, 수송해야 할 물건들은 얼마나 되며, 출발지점에서 도착지점까지의 거리와 소요시간, 혹은 소요예산 등을 세밀히 검토하여 가장 안전하고 경제적인 방법을 택하는 것이 좋겠다.

즉 버스나 기차 또는 트럭 등의 차종을 규모에 따라 결정하고 그에 따른 소속 교통기관이나 관리사무소에 미리 예약을 하여 계획상 차질이 없도록 해야 한다.

4) 무엇을 가지고 갈 것인가?

야외활동을 운영하려면 계획에 따른 모든 준비물을 철저히 준비하여야 한다. '계획은 면밀하고 정확하게, 실천은 대담하게'라는 말이 있듯이 야외활동을 실시할 때에는 대용품이라는 것이 있을 수 없는 것이다.

그러므로 준비물에 대한 목록을 작성하여 하나하나 점검하며 그 어느 하나라도 빠뜨리거나 잊어버리는 일이 없도록 하여야 한다.

야외활동의 준비물은 계절과 장소 혹은 목적에 따라 달라질 수 있다. 또 이것들을 개인별, 반별, 본부로 나누어 준비하고 속에 들어 있는 내용물에 일람표를 붙여두도록 한다. 그렇게 하면 찾는 데 시간이 매우 절약될 뿐만 아니라 편리하다. 또한 짐의 부피는 될 수 있는 한 작게 하는 것이 바람직하고 만약 짐이 많을 경우에는 사전에 일부 운반해 놓는 것도 한 방법이다.

　준비물을 내용별로 구분하면 다음과 같다.

① 개인준비물: 침구주머니, 의복주머니, 식사주머니, 세면도구주머니,
　 신주머니, 보수주머니, 비상약품, 기타
② 조(반)준비물: 천막 및 설영도구, 취사용구, 기타
③ 분부준비물: 캠프장비, 위생 및 안전용구, 프로그램준비물, 기자재,
　 기타

5) 무엇을 먹을 것인가?

　야외활동은 생활환경에 큰 변화를 가져오고, 또 아름다운 자연의 정경 속에서 가족이나 동료들과 함께 신선한 공기를 마시며 즐거운 활동을 하게 되므로 자연히 식욕이 왕성해진다.

　따라서 잘 먹지 못하는 야외활동은 성공적으로 마칠 수가 없으며, 충분히 영양가 있는 식사를 할 수 있도록 식단표를 작성하여 준비하는 것이 좋다.

　이러한 식사준비를 위해서는 다음 사항을 고려해야 한다.

① 식단표는 기본적인 영양소가 골고루 포함되어 있는 것으로 할 것
② 조리를 쉽게 할 수 있는 것을 선택할 것
③ 취사시간이 너무 많이 소요되는 것은 피할 것
　 (아침 60분, 점심 45분, 저녁 90분 정도)
④ 가격이 적당하고 비싸지 않는 것이어야 할 것
⑤ 아침식사는 분량이 많도록 하고, 점심식사는 간단하게, 그리고 저녁

식사는 고기, 생선, 채소, 과일 등의 영양가가 충분한 식사를 준비할 것

⑥ 식품은 매일 신선한 것을 구입할 것

⑦ 식료품은 상하지 않도록 보관할 것

⑧ 취사장은 청결하고 위생적이어야 할 것

6) 무엇을 할 것인가?

야외활동을 성공적으로 마칠 수 있는 열쇠는 프로그램을 어떻게 편성하느냐에 의해 결정된다고 해도 과언이 아니다.

즉 생활면에 있어서 시간 배분을 너무 무리하게 한다면 활동 도중에 부득이하게 일정을 변경해야 하는 사정이 따르게 되고 그러다 보면 자연히 참가자들에게 불만이 싹트는 원인이 된다.

그러므로 야외활동의 프로그램을 작성할 때에는 다음과 같은 점들을 고려하여 참가자 모두가 만족할 수 있는 건전하고 교육적인 활동이 되도록 세워야 한다.

① 목적과 목표를 고려할 것

② 장소, 기간, 성별, 연령 등을 고려할 것

③ 흥미, 관심, 경험과 기술의 정도를 고려할 것

④ 전체와 그룹이 실시하는 것을 나누어 배치하도록 할 것

⑤ 그룹과 반 활동에 중점을 두는 활동이 되도록 할 것

⑥ 프로그램에 변화를 주도록 할 것

⑦ 기후, 시설, 용구, 식품 등의 사정에 따라 임기응변으로 활용할 수 있도록 할 것

7) 누가 무슨 일을 맡을 것인가?

야외활동을 원만하게 운영해 나가려면 그에 따른 조직과 역할분담을 명확하고 분명하게 구분하여 서로 돕고 협조하며 맡은 바 임무를 수행해

나갈 수 있도록 해야 한다. 만일 그렇지 못하고 일관성 없이 행사를 운영해 나간다면 마치 선박이 기계의 고장을 일으켜 바다에서 표류하는 것과 마찬가지로 많은 혼란과 차질을 가져오게 된다.

그러므로 원활한 야외활동을 위해 많은 인적 자원을 충분히 활용하여 구체적이고 조직적인 임무를 분담해서 그들이 유기적으로 움직일 수 있도록 해야 한다. 그리고 임무에 대한 내용도 사전협의를 통하여 완전히 숙지해 두는 것이 좋다.

🏔 야외교육이란 자연을 상대로 야외의 천연자원을 이용하는 교육활동으로서 자연을 애호, 보존하는 것을 배우며 지적, 정조(情操)적, 보건체육적, 레크리에이션적인 모든 야외활동을 통해서 창조성, 사회성과 건강한 심신을 육성할 수 있도록 교육적 효과를 얻고자 하는 활동이다.

🏔 야외활동은 자연환경 속에서 전개되는 모든 활동 가운데 비교적 신체적 운동을 수단으로 하여 이루어지는 활동, 즉 하이킹, 캠핑, 사이클링, 호스텔링, 등산, 피크닉, 오리엔티어링, 요트, 카누 등과 같은 것으로 자연과 더불어 활동 그 자체를 즐기고자 하는 것에 중점을 두고 있다.

여가교육의 이해

제1절 | 여가교육의 개념
제2절 | 여가와 교육의 관계
제3절 | 여가교육의 필요성
제4절 | 여가프로그램 기획

제 8 장 여가교육의 이해

제1절 | 여가교육의 개념

여기교육은 다양한 의미를 지니고 있으며, 전동적인 여가교육의 개념은 레크리에이션 프로그램이나 방과 후의 교육프로그램을 통해 여가참여의 기회를 제공하는 것이다. 광의의 의미로 여가교육은 상식적인 접근을 통한 여가시간의 행동참여와 여가시간에 대한 현명한 사용이 여가교육의 중심 내용이 된다. 협의의 의미는 여가교육은 치료레크리에이션 서비스의 하나로 여가 태도, 여가 각성, 사회적 기술, 의사결정 능력 및 여가지원 활용에 초점을 두고 행하는 하나의 교수기법으로 정의된다. 즉 여가에 대해서 어려움을 가지고 있는 참여대상에게 치료의 수단으로서 행하는 인지적인 전문교육을 말하며, 여가교육의 개념 속에는 다음과 같은 특징이 있다.

① 여가교육은 개인에게 여가생활의 질(quality of leisure life)을 향상시키려는 전반적 운동이다.
② 여가교육은 개인에게 여가의 가치, 태도, 목표를 확립하게 하는 과정이다.

③ 여가교육은 개인에게 여가생활에 대한 자기결정, 자기충실을 도모하게 하는 접근방식이다.

④ 여가교육은 개개인에게 그들 생활에 있어서의 여가의 위상(status)을 결정하게 한다.

⑤ 여가교육은 여가와 관련된 자기본능을 인식하게 한다.

⑥ 여가교육은 각자의 여가경험에 의하여 개인의 욕구, 가치 및 가능성을 충족시키게 한다.

⑦ 여가교육은 여가와 관련하여 삶의 질적 경험(quality experiences of life)을 충족시키게 한다.

⑧ 여가교육은 개인이 그의 목표와 관련하여 장·단기적으로 그의 여가행동을 결정 및 평가하게 한다.

⑨ 여가교육은 여가생활의 질을 향상시키기 위하여 개인의 잠재력을 계발시켜 준다.

제2절 | 여가와 교육의 관계

현대사회의 급속한 변화로 교육의 역할은 그 영역을 넓혀 여가활동에 있어서도 여가교육이 필요하게 되었고, 여가목적 달성의 필수적인 요소로 자리 잡게 되었다. 여가는 참가자에게 어떤 활동을 통해 직접적인 만족감을 가져다주는 것임에 비하여 교육은 보다 원대하고 고차원적인 목표를 두고 있으며 강제적인 성격을 띠고 있다. 학교에서 우리는 여가활동을 위한 기술을 습득하고 관심을 일깨우게 된다. 반대로 레크리에이션 활동은 학습뿐만 아니라 놀이를 배울 수 있는 중요한 학교프로그램이다. 따라서 여가와 교육은 인간의 자기계발을 본질로 하는 것이다. 여가의 어원인 희랍어의 '스콜레(schole)'와 라틴어의 '스콜라(schola)'는 모두 학교

(school)의 어원이다. 즉 여가는 본래 교육적인 면 및 학습과정과 밀접하게 관련되어 있음을 보여주는 것이다.

여가에 대한 교육의 기능은 학교교육뿐만 아니라 성인교육에 있어서도 중시되고 있다. 성인교육은 대부분 비직업적 성격을 띠고 있기 때문에 목적, 조직, 방법에 있어서 레크리에이션과 흡사하다. 노인대학이나 대학의 교양강좌 및 특수대학원, 직업훈련원 등이 점차 증가하고 있는 것도 성인교육의 일환이며, 이러한 교육과정에는 레크리에이션이 필수적이다.

제3절 ｜ 여가교육의 필요성

현대사회에서 여가교육은 평생교육 또는 사회교육의 하나로서 점차 인식되고 있다. 또한 여가는 우리 일상생활에 있어 필수불가결한 부문이며 인간생활을 윤택하고 보람 있게 하는 요소로서 재평가되고 있다. 이처럼 긍정적·생산적 의미로 가치가 인정되는 여가라 할지라도 이를 잘 활용하지 못하거나 건전한 여가문화로 발전할 수 있는 제도적 장치를 마련해 주지 않으면 오히려 역기능이 나타날 소지가 많다.

Brightbill(1960)은 우리가 여가의 홍수시대를 맞이하게 될 것이라면 체계적인 여가교육을 실시해야 하며, 새롭게 등장하는 여가를 건전하게 하고, 정신을 고양시키며, 격이 높고 창조적으로 활용하는 방안에 대해 배워야 한다고 강조했다. 사람들이 여가를 이용하든 안 하든 간에 여가를 만족스럽고 창조적인 방법으로 활용하는 것이 중요하다고 했다. 또한 여가교육을 통해 사람들로 하여금 여가시간에 대한 인식을 높이고 이를 활용하기 위한 기술을 개발하는 데 도움이 되는 경험으로 일찍부터 지속적으로 가정, 학교, 사회에서 노출되도록 하는 데 의미가 있다고 보고 있다. 여가교육은 점진적으로 꾸준히 이루어지는 과정이며 기술을 전파하고 그 기술을 활용하도록 준비시키는 데 그 중요성이 있음을 강조하고 있다. 여가는 세계를 이해하고 건강을 유지하며, 정서적 안정과 미적 추구에 기여하는 다른 교육목표와 부합될 수 있다. 이러한 관점에서 여가는 교육을 활성화시키는 요소라고 할 수 있다.

여가교육은 시간을 흘려보내는 방법을 가르치는 교육이 아니라 시간을 가치 있게 사용하는 방법을 가르치는 데 있으며, 건전한 생활관을 지니면서 개성과 창의성을 발휘하고 건전한 사회를 육성하기 위하여 도움을 주고자 하는 데 그 궁극적인 목표가 있는 것이다. 여가교육의 구체적인 필요성은 다음과 같다.

① 평소의 흥미, 취미를 계발할 수 있는 기회를 갖도록 하기 위해 필요하다. 즉 자기 자신의 관심사항, 특기, 취미를 살려 여가를 선용하고 스트레스를 해소함으로써 심신의 건강을 유지하여 재생산적 기회에 대비할 수 있다.

② 창의성을 발휘할 수 있게 해준다. 평소 바쁜 생활에서 벗어나 자기만의 시간을 확보·관리함으로써 자신이 꿈꾸는 일, 관심사항을 스스로 해보는 기회를 준다. 아마추어 정신에 입각한 교양, 직업기술, 예술 활동의 발달을 가져오고 자기계발에도 도움을 준다.

③ 사회참여의 기회 확대를 위해 필요하다. 여가활동은 여러 사람이 한 장소에 어울려 이루어지는 것이므로 이웃·타인과의 자유로운 만남·사귐·유대를 기대할 수 있어 사교·사회생활 및 화목한 사회를 만드는 데 원동력이 된다.

④ 건강과 정서함양을 위해 필요하다. 스포츠, 레크리에이션에 스스로 참여함으로써 체력향상, 건강관리, 화합친목, 사랑, 협조, 이해, 단결의 이치와 미덕을 배우게 된다. 특히 학교교육에 있어 스포츠 교육은 이와 같은 목표 아래 이행된다.

⑤ 인격완성과 성취감을 갖기 위해 필요하다. 인간이 원숙해지고 덕

성·지성을 함양하는 데 교육·경험·수련이 필요하다. 특히 취미생활, 여행, 독서, 예술 활동 등은 인격완성에 기여한다. 이러한 여가활동은 교육을 통해 활성화할 수 있다.

⑥ 기회균등의 보장을 위해 필요하다. 여가의 향유·이용은 어느 특정 집단의 전유물이 아니라 모든 사람이 다 같이 평등하게 이용할 수 있는 권리이므로 여가활동의 참여·향유는 신분·연령·성별·직업에 관계없이 자연스럽고 평등하게 실천될 수 있다는 점이 강조되는 홍보·교육이 필요하다.

⑦ 인간다운 삶, 생활의 만족감을 주기 위해 필요하다. 여가는 자기 자신의 발전을 위한 유용한 기회이고 가치 있는 투자이기 때문에 이를 위해서는 경제적·제도적 지원이 이루어져야 하고, 건전한 여가문화 프로그램의 보급 및 교육이 필요하다.

⑧ 투자자산으로서의 가치 확보를 위해 필요하다. 오늘의 충분한 휴식은 곧 내일의 일에 대비한 신선한 자극제이며 충전작용을 하는 기능이 있기 때문에, 원만한 재생산활동의 참여기회를 마련해 준다. 또한 건설적인 여가활동은 생산력을 높이는 데 기여하기 때문에 활력소·윤활유와 같은 역할을 한다. 따라서 종사원들에게 충분한 자유시간을 부여하는 것은 종사원을 위한 사랑, 생산성 향상, 재생산을 위한 투자가 된다.

⑨ 정신적 보상수단으로서 필요하다. 오늘날 기업경영에 있어서 물질적 보상방법은 그 효과가 한계가 있다. 따라서 근무시간 단축, 유급휴가, 휴가기간 연장, 주 5일 근무제, 잦은 휴식시간 제공 등과 같은 근로조건 개선이 도입되고 있다. 즉 정신적 보상수단으로서 여가시간을 늘려줌으로써 근로자가 자기 자신과 가족을 위해 보람 있게 시간을 사용할 수 있고, 결국 화목한 가정을 가꾸어 사기진작, 직무충실, 애사심을 고취하자는 것이다.

⑩ 공동체의식과 일체감 조성을 위해 필요하다. 개인주의와 배타주의

풍조가 만연되는 이기적인 현대사회에 있어 스포츠와 레크리에이션
을 통해 만나고 사귀고 대화를 함으로써 상호이해와 협력분위기를
조성할 수 있다. 특히 집단적 여가활동을 통해 참가자들은 단합·협
동·사랑의 싹을 틔우고 공동체의식과 소속감을 갖게 되는데, 이러
한 것은 여가교육·현장교육을 통해서 달성될 수 있다.

이러한 여가교육의 목적은 첫째, 여가생활을 통해 삶의 질을 향상시키
는 것 둘째, 여가 속에서 기회, 잠재력, 가능성을 이해하는 것 셋째, 개인
의 삶의 질과 사회구조에서 여가의 영향력을 이해하는 것 넷째, 다양하고
광범위한 여가선택을 가능하게 하는 지식, 이해, 기술을 습득하는 것이라
고 정리할 수 있다.

제4절 ㅣ 여가프로그램 기획

여가프로그램은 여가 공간 및 시설의 이용을 활성화하기 위해 필요하
며, 이용자들의 다양한 여가활동, 즉 선택의 폭을 넓히기 위해서도 우선
적으로 여가프로그램 개발은 필요하다. 여가프로그램은 공급조직의 목표
에 따라 성격이 달라진다. 예를 들면, 상업적인 기업의 경우는 이윤창출
을 위해 프로그램이 제공되며, 공공조직의 경우는 그들이 관리하는 여가
공간 및 시설의 유형에 따라 제공목표가 달라지고, 이용대상자도 전 국민
이 된다. 이와 같이 여가프로그램도 수요자의 주체·목적·내용에 따라
달라질 수 있는데, 여가프로그램 개발의 기본원칙은 공급요소의 특성을
최대한 살리고, 이용자들의 욕구를 충족시킬 수 있어야 하며, 활동상의
쾌적성 확보, 이용대상자의 특성 등이 고려되어야 한다.

1. 여가프로그램 개발

프로그램 개발이란 고객의 욕구와 조직의 개발목표 및 목적을 통합하는 것이다. 모든 프로그램 개발에 고려되는 요소에는 프로그램 영역, 프로그램 형식, 프로그램 내용, 시간요소, 시설물, 배경, 기구와 공급물, 인력(staffing) 비용, 판촉, 활동분석과 위험관리(risk management)가 있다. 프로그램 개발에 관련된 모든 혹은 각 요소에 주어진 강조의 정도는 구체적인 계획사항에 따라 다르다.

1) 프로그램 영역

프로그램 영역(program areas)이란 여가프로그램 활동이 분류되는 혹은 세분화되는 방식을 의미한다. 여기에는 예술, 즉 공예를 포함한 시각적 예술(visual arts), 공연예술(performing arts), 새로운 예술(new arts), 문학 활동(literature activities), 수중경기, 스포츠, 게임, 경기, 야외 레크리에이션, 사교 레크리에이션, 자기향상·교육활동, 건강 활동(wellness activities), 취미, 관광과 여행, 자발적 서비스 등이 포함된다(Edington & Edington, 1994). 여가 서비스조직의 프로그램 입안자는 여러 종류의 프로그램 영역을 준비해야 하는 동시에 다양한 고객의 욕구를 맞추기 위해 각 프로그램 영역에서 다양한 프로그램 범위를 제공하도록 노력해야 한다. 즉 조직이 계획하는 여러 고객 그룹들을 고려해 가장 많은 고객의 욕구를 충족시킬 수 있도록 다양한 프로그램을 개발·관리해야 한다. 예를 들면, 수영 프로그램의 경우, 초급반, 중급반, 고급반, 다이빙 연습반, 싱크로나이징 연습반, 구명 코스 등으로 세분하여 고객의 욕구에 부응할 수 있다.

예술(the arts)
문학 활동(literary activities)
수중경기(aquatics)
스포츠, 게임, 경기 (sports, games, and athletics)
야외 레크리에이션(outdoor recreation)
사교 레크리에이션(social recreation)
자기향상 · 교육활동 (self-improvement/educational activities)
건강 활동(wellness activities)
취미(hobbies)
여행과 관광(travel & tourism)
자발적 서비스(voluntary services)

프로그램 영역

〈프로그램 영역〉

(1) 예술(the arts)

① 시각적 예술(visual arts)

그래픽 또는 조형미술을 포함한 장식예술로 도구로는 오일페인팅, 펜과 잉크, 돌, 점토, 나무조각 등이 있다.

② 공예(craft)

가죽공예, 바느질, 양초 제작, 도자기, 눈조각 등이 있다.

③ 신예술(new arts)

21세기 기술을 창조적으로 사용한 것으로 컴퓨터 예술, 사진술, 컴퓨터음악 등이 있다.

④ 공연예술(performing arts)

연기, 노래, 팬터마임, 현대 춤, 오페라, 심포니 오케스트라 등이 있다.

(2) 문학 활동(literature activities)

영어 및 기타 외국어 공부, 창조적 저술, 시 낭송, 단편소설, 연극, 책 서평, 토의, 문학공부 등이 속한다.

(3) 수중경기(aquatics)

수영, 다이빙, 수중 에어로빅, 수중게임, 구명연습, 수중지도, 카누, 보트 놀이(boating) 및 이와 관련된 안전훈련 등이 있다.

(4) 스포츠, 게임, 경기(sports, games, and athletics)

수영, 트랙필드경기, 골프, 웨이트 트레이닝, 핸드볼, 배드민턴, 배구, 소 프트볼 등이 있다.

(5) 야외 레크리에이션(outdoor recreation)

항해(sailing), 낚시, 캠핑, 하이킹, 등산, 사냥 등이 있다.

(6) 사교 레크리에이션(social recreation)

개인들 간의 상호교류(interaction)를 하기 위해 만들어진 활동으로 목적 달성을 위해 위의 다른 프로그램 영역을 이용할 수 있다. 일반적으로 사교 레크리에이션 프로그램에서는 배경(setting)이 가장 중요하다.

(7) 자기향상 · 교육활동(self-improvement/educational activities)

각종 이벤트, 재무계획(financial planning), 심성개발, 사원교육, 가정향 상활동(home improvement) 등에 대한 토론그룹이 여기에 포함된다. 예를 들면, 가족생활, 자녀양육, 새로운 자기 이미지 제시, 면접기술, 인간 상호 간의 의사소통 등과 같은 구체적인 지도기획도 포함될 수 있다.

(8) 건강 활동(wellness activities)

적당한 신체적 활동, 체중감량과 같은 건강행위상의 변화, 금연, 다이어

트 관심과 적용, 기타 건강을 위한 예방적 활동이 포함된다. 또한 긍정적
인 삶의 스타일과 생활환경을 만들기 위한 사회적 또는 감정적인 건강 활
동 등이 포함된다.

(9) 취미(hobbies)

① 수집취미: 우표, 동전, 책, 고품(antiques), 인형 수집 등이 있다.
② 창조적 취미(creative hobbies): 저술(writing), 글쓰기, 작사, 요리, 정
   원관리(gardening) 등이 있다.

(10) 여행과 관광(travel & tourism)

(11) 자발적 서비스(voluntary services)

2) 프로그램 형식

고객에게 프로그램을 제공하는 데 있어 어떤 활동이 조직되고 구조화
되는 방식으로 고객을 유도하는 것이 중요하다. 프로그래밍의 모든 영역
에서의 활동들은 여가 고객을 위해 보다 다양한 방법으로 형식화될 수
있다.

(1) 경쟁적 형식(competitive)

경쟁에 초점을 맞추는 여가활동은 참가자의 상대적인 기술과 능력을
고려해야 하고 경쟁수준 또는 경쟁강도에 따라 적용되어야 한다. 경쟁 프
로그램 영역을 조직하기 위해 흔히 쓰이는 방법에는 리그전, 토너먼트와
콘테스트(contest)가 있다.

(2) 자유참가 형식(drop-in/open)

고정된 스케줄이 없이 참가자에게 자유참가의사를 제공한다. 예를 들
면, 조깅을 위한 체육관 트랙활용, 독서를 위한 도서관 이용 등이 있다.

(3) 수업식(class)

강사를 초빙하는 형식이므로 자유참가 형식보다 멤버십제도를 사용한다.

(4) 클럽(club)

같은 목적을 가진 사람을 대상으로 운영되며, 보통 멤버십제도를 사용한다.

(5) 특별 이벤트(special events)

어떤 활동을 독특한 방식으로 조직하여 여가고객들의 관심을 자극하는 방식이며, 여기에는 전시회, 퍼레이드, 페스티벌, 발표, 카니발 등이 있다.

(6) 워크숍 · 콘퍼런스(workshops/conferences)

짧은 시간 내에 여러 활동을 통하여 사람들을 심도 깊게 참가하도록 유도하는 형식으로 조직하는 방법이다. 보통 최대 2주 동안 계속되나 많은 경우에 2주보다 짧은 시간 동안 계속된다. 콘퍼런스는 같은 목적을 가진 사람들이 이슈를 논의하거나 정보전달 및 의사결정을 위해 모이는 방식이다.

(7) 이익집단(interest group)

클럽과 비슷하나 이것은 보통 활동이슈나 프로그램 영역을 중심으로 형성된 개인들의 총체이다. 이러한 집단은 자기들만의 특유한 지도력을 가지며, 이익집단의 생명주기는 한두 차례의 모임이나 지속적인 모임형태 등으로 다양하다. 예를 들면 사회적 필요, 사회적 이유, 사회공동체 프로젝트, 여가관심 등을 통한 이익집단 등이 있다.

(8) 아웃리치(outreach)

많은 프로그램과 서비스는 사람이나 그들의 욕구보다는 시설 활용을 중심으로 조직되나, 아웃리치는 자신의 장소에서 사람들을 만난다. 이 방식의 강조점은 참가자들로 하여금 활동에 참가하게 하기보다는 활동을 참가자들에게 가져다주는 데 있다.

3) 프로그램 내용

프로그램 내용은 목표와 목적을 포함하며, 한 번의 행사, 혹은 여러 부분에 걸쳐 나타나는 구체적인 활동들을 보여주며, 프로그램을 실행시키기 위해서는 2가지 종류의 계획이 있다.

〈프로그램기술과 수업내용〉

• 프로그램 영역: 공예
• 프로그램 형식: 수업형식
• 프로그램 이름: 휴일공예(holiday crafts)
• 대 상: 성인남녀
• 프로그램 목표
  수강자에게 공예프로그램을 제공
• 프로그램 목적
  수강자가 휴일 공예아이디어를 볼 수 있는 기회를 제공
  공예품 만드는 기술을 교육시킴
  매주 프로젝트를 마쳐 집으로 가져갈 수 있는 기회를 제공
	• 시간: 매주 화요일 저녁
	• 7:00~8:30, 8주
	• 10~12월
	• 내용
	  1주 – 소나무 화환 만들기
	  2주 – 호밀로 짜기
	  3주 – 크로스자수 장식
	  4주 – 도자기 휴일품목
	  5주 – 빵 반죽 장식
	  6주 – 상록수 로프
	  7주 – 양초 만들기
	  8주 – 과자조리법 교환

(1) 장기계획(long range planning)

프로그램 목표, 목적, 고객층, 프로그램 기간, 프로그램 수업시간 등의 일반적인 정보를 포함한다.

(2) 단기계획(short range planning)

프로그램 실행 동안 일어나는 각각의 수업시간(sessions)에 중점을 두며, 각 수업시간에 소화할 내용, 재료, 예상되는 결과 등을 서술할 수 있다. 프로그램 내용은 고객의 욕구에 맞게 짜야 한다. 즉 프로그램 목표와 목적이 현실적이고, 내용은 프로그램에 맞아야 하며, 계획된 활동들은 고객층에 따라 알맞게 배정되어야 한다.

4) 시간요소

(1) 프로그램 시간 라인 설계

프로그램 개발에 있어 시간요소(time factors)는 모든 과정에 내재하며, 시간 라인 설계에는 만날 사람, 예약시설, 준비물, 판촉 등의 제 임무수행에 필요한 기간들이 명시된다.

(2) 날짜(일·주·달)와 각 활동 수업 혹은 전 프로그램의 길이(기간)

(3) 스케줄링(scheduling)의 패턴

가) 계절 또는 휴일과 같은 시간 블록(time block): 수업식이나 구조화된 경쟁적 스포츠 리그에 적합하며, 주기적인 판촉과 프로그램 등록 활동을 위한 계획수립이 용이하다.

나) 매달 또는 매주 패턴: 클럽모임과 같이 주기적으로 행해지는 프로그램으로 여가 프로그래머로 하여금 집중적인 시간 내에 특별관심사를 수용하고 특정 프로그램을 강조하게 해준다.

이 패턴은 다른 형식보다 자유참가 의사형식(drop-in) 고객에게 어필된다.

다) 여가고객의 라이프스타일 패턴: 날마다의 시간사용자 패턴(daily time-user pattern)

① 이른 아침: 회사 출근이나 다른 일상생활을 하기 전에 여가활동을 즐기고픈 사람에게 유용하며, 여가활동은 보통 오전 5~8시 사이에 여가시설이나 가정에서 이루어진다.

② 아침반: 나이 많은 계층과 유치원생, 가사주부 등에게 유용하며, 오전 9시 전에는 거의 시작하지 않고, 대개 12시 전에 끝난다.

③ 정오: 하루의 바쁜 일과 중 여러 여가시설을 활용하는 시간대로 보통 이 시간대는 바쁜 시간대에 속한다.

④ 이른 오후반: 위에 언급한 아침반 고객층들에게 어필하며, 정오 이후의 시간이므로 활동은 비교적 한산한 편이다. 그래서 이 시간대는 특별 명상이나 치료시간으로 활용할 수 있다.

⑤ 늦은 오후: 학교 연령대들이 참가하는 프로그램으로 참가율이 높은, 그리고 하루 중 가장 바쁜 시간이다. 그러나 여름 동안은 참가율이 높은 시간이 아닐 수도 있다.

⑥ 저녁 식사시간: 늦은 오후와 이른 저녁 사이(오후 5~7시)로 고객의 낮 시간과 저녁 활동시간 사이의 개인적인 스케줄이 여기에 들어간다. 특별시설의 이용성, 사회적 변화, 서로 다른 근무 스케줄 등을 고려하여 프로그램을 짜야 한다.

⑦ 이른 저녁반: 레크리에이션 활동을 위한 가장 보편적인 시간으로, 이 시간은 TV, 사교클럽, 파트타임직, 지역사회봉사, 가족모임, 학교생활 및 공부와 같은 활동들과 경쟁관계에 있다.

⑧ 늦은 저녁반: 주로 성인들의 활동시간으로 잠자는 시간, 통행금지 등에 따라 이른 아침반까지 연장될 수 있다.

〈프로그램 시간 라인 설계〉

Ⅰ. 행사: 지역사회 콘서트 행사 12~16주 전
    A. 시설예약
    B. 연주자와 계약(사인회 등)
    C. 예산결정
Ⅱ. 행사 9~11주 전
    A. 티켓 인쇄 주문
    B. 광고 주문
    C. 필요한 시청각기구 예약
    D. 라디오, TV방송국 접촉
Ⅲ. 행사 6~8주 전
    A. 시설관리와 더불어 모든 연주의 필요성을 토의
    B. 시설에 따른 규칙 숙지: 보안, 화재, 관중관리 등
    C. 초기 광고와 선전을 내보냄
Ⅳ. 행사 4~7주 전
    A. 추가광고와 선전배포
    B. 티켓 판매를 모니터: 통신판매
    C. 시설관리와 기구계약 follow-up을 계속함
Ⅴ. 행사 1~3주 전
    A. 티켓 판매를 계속해서 모니터: pick-up하는 통신주문 보관
    B. 지방 미디어를 이용해 연주자와 인터뷰 준비
    C. 모든 최후의 세부사항 모니터
Ⅵ. 행사 당일
    A. 모든 좌석배치, 기구 등이 제대로 이루어졌는지를 체크
    B. 연주자에게 편의 제공: 분장실, 음식 등
    C. 모든 필요한 세부사항 모니터
    D. 콘서트 참가
Ⅶ. 행사 직후
    A. 비용 지불
    B. 빌린 가구 반납
    C. 감사장 발송
    D. 계획과 실행 장·단점 비평을 기록
    E. 재무기록표를 작성하고 리포트 준비

〈10가지 수업 프로그램을 위한 다양한 시간구조〉

시간구조	프로그램아이디어
• 10주 동안 일주일에 1번 • 5주 동안 일주일에 2번 • 2주 동안 일주일에 5번 • 5일 동안 하루에 2번 • 2일 동안 하루에 5시간 • 하루 동안 하루에 10시간 • 5달 동안 한 달에 2번 • 10달 동안 한 달에 1번	• 어린이들을 위한 창조적 드라마 공부 • 성인 에어로빅 • 여름수영반 • 응원캠프 • CPR교육 • 공식적인 스포츠 재교육 워크숍 • 스퀘어 댄스클럽 • 여행담 시리즈

(4) 적절한 시간활용의 개념

① 활동을 좀 더 빨리 착수하는 것: 저녁에 배구리그를 하는 대신 정오에 라켓볼을 치는 것

② 하나 이상의 활동을 동시에 하는 것: 밥 먹으면서 TV시청, 골프코스에서 비즈니스 회의

③ 시간을 좀 더 정확하게 이용하는 것: 오후 4시 30분 테니스코트 예약을 위해 오전 8시에 전화하는 등, 여가 프로그래머는 다양한 그룹의 활동관심사와 욕구에 민감해야 할 뿐만 아니라 그룹들이 가질 수 있는 시간활용과 제약을 아는 것이 더욱 중요하다.

5) 시설물

여가 서비스 시설은 빌딩과 대지를 포함한다. 여가시설물(facilities)의 위치·디자인·이용성·접근성 등은 구조화되고 자발적인 여가활동 참가에 영향을 미친다.

여가시설물의 종류에는 학교(체육관, 수영장, 테니스장, 도서관, 주차장), 공공시설빌딩(은행, 교회, 쇼핑센터), 상업적인 레크리에이션 시설(볼링장, 피트니스센터, 극장, 춤 교습소, 레스토랑) 등이 있다.

6) 여가활동장소의 배경

이것은 시설물 내의 실제적·사회적 환경을 의미하며, 시설의 디자인 및 관리는 그 시설이 만들어내는 환경에 영향을 미친다. 이러한 여가활동 장소의 배경(setting)이 중요한 이유는 시설에 대한 고객의 첫인상에 영향을 미치고 고객의 시설 이용 시 여가 서비스나 프로그램 경험에 영향을 미치기 때문이다. 실제적 환경으로는 잔디, 화단(flower beds), 조경, 보도, 주차장 및 기타 청결성, 조명, 온도, 색깔, 가구, 바닥표면, 화장실 위치, 정보안내지역, 라운지 등이 있다. 또한 여가시설 내에서의 다목적 사용 여부, 예를 들면 체육관, 조깅트랙, 배드민턴, 테니스, 체조장 등도 실제적 환경을 이루는 요소로 볼 수 있다. 한편 여가 프로그래머는 고객 서비스 제공자, 다른 고객들, 기타 사람들 모두가 여가 서비스 경험에 영향을 미치므로 바람직한 사교환경을 위해 프로그램 고객층과 동시에 어떤 그룹의 고객들이 한 시설을 같이 쓸 수 있는지를 고려하는 것이 중요하다.

7) 기구와 공급품

테니스 라켓, VCR과 같은 기구(equipment)는 영구적이거나 재사용가능한 품목을 지칭하는 반면, 공급(소모)품(supplies)은 활동이 끝날 무렵 고갈되는 공예재료, 수영장에서 쓰는 화학약품, 상패 등과 같이 특정 활동이 실행될 때마다 필요한 품목이다. 여가기관은 기구를 여러 프로그램을 위해 공유함으로써 비용을 절감할 수 있다. 예를 들면, 배구공을 남자배구와 여자배구에 공유하는 것이다.

8) 인력

인력(staffing)은 프로그램 상황에서 인적 요소를 제공하는 것이다. 프로그래밍 과정에서 여가 프로그래머가 많은 여가프로그램 활동을 실행하는 경우 활동지도자들과 프로그램 진행을 준비해야 한다.

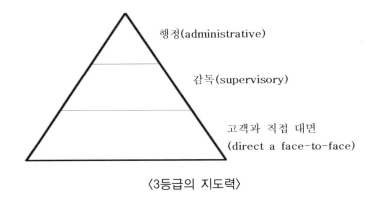

〈3등급의 지도력〉

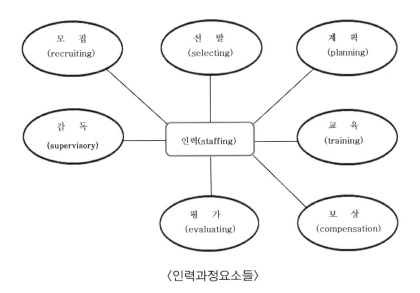

〈인력과정요소들〉

예를 들면, 정직원, 파트타임(part-time) 종업원, 유급직원, 자원봉사자 등이 있다. 여가 서비스 제공에 있어 지도력은 위의 그림과 같이 행정 (administrative), 감독(supervisory) 및 고객과 직접 대면(direct a face-to-face) 하는 단계의 3등급이 있다.

한편 인력에 관여되는 요소로는 모집·선발·계획·교육·보상·평가· 감독 등이 있다.

9) 비용

프로그램 비용(cost)은 수익과 지출을 모두 포함하며, 스태프 급여·임금·공급물·기구 등의 영향을 받는다.

① 비용: 봉급·임금, 기구와 공급품, 시설, 공간관리, 판촉, 기타 제 비용
② 수익: 조직의 일반예산, 고객입장료, 고객의 조직으로부터 기구나 공급품 구매, 기타 기부금
③ 비용·수익의 영향요소: 프로그램 영역·포맷, 배경, 시설물, 기구와 공급품, 활동지도자에게 요구되는 전문성

10) 판촉

판촉(promotion)이란 여가 서비스 조직이 고객에게 의사소통하는 과정으로 의사소통에는 의사소통자(여가 서비스 조직), 메시지(프로그램과 서비스에 대한 정보), 유통채널(광고, 선전, 개인판매, PR, 판촉 등), 대중(주요 대상계층) 등이 있다.

판촉은 이와 같은 여러 의사소통방법을 사용해서 고객들에게 전달되는 정보를 개발하는 것이다. 판촉을 위해서 여가 프로그래머는 여가 서비스 조직 전체 혹은 여가 서비스가 속한 기구 내에서 운영하는 재원과 전문적 의견을 잘 활용해야 하며, 또한 지역사회에서 판촉과정을 도와줄 사람이나 재원들을 잘 알고 있어야 한다.

11) 활동분석

활동분석(activity analysis)이란 어떤 활동의 내재적 특성들을 쪼개어 연구하는 것이다. 어떤 사람이 활동을 하게 되면 잠재적인 신체적 행위, 인지적 느낌, 감정적 느낌 등 3가지의 다른 행위영역으로 나타난다.

2. 여가프로그램의 제공

여가경험을 프로그래밍하는 과정에서 가장 중요한 관계는 고객·리더 인터페이스(the customer/leader interface)이다.

1) 여가 서비스 조직에 있어 사람들 사이에 일어나는 어떠한 상호관계에서 관리되어야 할 요소들은 다음과 같다.

① 보디랭귀지(body language): 부정적인 보디랭귀지(참을성 부족, 적대감 등)는 고객이 소중하지 않다는 인상을 주므로 조심해야 한다.

② 실제 언어 사용과의 상호작용: 고객을 처리해야 할 숫자로 취급하거나 로봇과 같은 무미건조한 응대는 지양해야 한다. 또한 관료주의적인 응대('저는 모르니 다른 사람에게 물어보세요. 이것은 제 영역이 아닙니다.')도 피해야 한다.

③ 우리가 어떻게 하면 고객의 호의를 끌 것인가에 대한 문제를 고려해야 한다.

④ 메시지를 효과적으로 전달하기 위해 고객에게 적절한 단어·숙어·코멘트의 사용을 고려해야 한다.

2) 종업원들에게 기획, 조직을 가르칠 수 있는 영역은 다음과 같다.

① 프로그램과 활동 상호작용: 여가 서비스 프로그래머가 고객과의 대화를 대본화 할 수 있는 부분으로 여기에는 어떻게 가르칠까, 어떻게 교육프로그램을 수강하고 있는 사람들과 상호작용할까, 어떻게 정보를 발표할까 등이 포함될 수 있다.

② 전화 상호작용: 전화를 통한 고객과의 첫 번째 만남의 인사는 조직에 대한 인상으로 남기 때문에 매우 중요하다.

③ 정보교환: 모든 종업원이 적절한 정보나 지식에 전적으로 접근할 수 있게 하여 고객에게 적절한 정보를 제공하게 해야 한다.

④ 등록 상호작용: 고객들이 정확하고 시기적절한 정보를 받았고 돈의 교환이 서류화되었다는 것을 확신키 위해 등록과 관련된 절차를 검토하여야 한다. 등록절차는 가능한 한 편리해야 하며, 등록과정에서 나타날 수 있는 일을 예상해야 하며, 기타 정보에 대한 질문을 예상하고 필요한 책자를 준비하여야 한다.

⑤ 오피스 상호작용(office interaction): 고객이 오피스 내에서의 상호작용(상황)을 관찰하는 것은 그들의 여가 서비스 조직에 대한 인식에 영향을 미치므로 항시 고객이 있다는 것을 인지하면서 오피스 상호작용을 전문가답게 실행해야 한다.

🏔 여가교육이란, 레크리에이션 프로그램이나 방과 후의 교육프로그램을 통해 여가참여의 기회를 제공하는 것이다.

🏔 여가교육의 목적으로는 첫째, 여가생활을 통해 삶의 질을 향상시키는 것 둘째, 여가 속에서 기회, 잠재력, 가능성을 이해하는 것 셋째, 개인 삶의 질과 사회구조에서 여가의 영향력을 이해하는 것 넷째, 다양하고 광범위한 여가 선택을 가능하게 하는 지식, 이해, 기술을 습득하는 데 있다.

제 9 장

치료레크리에이션의 이해

제1절 | 치료레크리에이션의 개념
제2절 | 치료레크리에이션의 필요성
제3절 | 치료레크리에이션의 특징 및 과정

제9장 치료레크리에이션의 이해

제1절 | 치료레크리에이션의 개념

치료레크리에이션(Therapeutic Recreation)이란 본래 병원레크리에이션
(Hospital Recreation)이라 불리었다. 주로 병원의 환자들을 대상으로 간단
하고 오락적인 신체활동이나 기타 관람형태의 프로그램을 제공함으로써
그들을 정신적으로 안정시키고, 보다 빠른 회복을 목적으로 실시해 왔다.
그러나 점차 그 범위가 확대되어 병상의 환자는 물론 신체장애인, 정신장
애인, 격리된 자, 사회적으로 불우한 계층(극빈자)과 노인들에 이르기까
지 신체적, 정신적 제약을 갖고 있어 특별한 관심을 요하는 특수 계층 사
람들을 대상으로 연구하는 레크리에이션 프로그램을 말한다. 아울러 이
러한 치료레크리에이션 프로그램을 제공함으로써 그들의 정신적·신체
적 상태를 보다 양호하게 하여 정상인들처럼 사회생활이나 자신의 여가
를 관리할 수 있도록 도와주는 데 그 목적이 있다.

미국의 경우 치료레크리에이션의 역사가 오래되어 1945년부터 병원을
중심으로 치료의 목적으로 시작되었고 장애인, 노인에 이르기까지 그 범
위가 확대됨으로써 현재 NRPA(National Recreation and Park Association)의
조직에 속해 있으면서 대학을 중심으로 지속적인 연구를 하고 있는 실정

이다.

John Kelly(1982)는 그의 보고서에서 치료레크리에이션에 대하여 다음과 같이 언급하였다.

> "여가를 어떻게 해석하든지 간에 그것은 개인의 결정에 달려 있다. 치료레크리에이션은 그 사람들의 레크리에이션과 놀이 그리고 여가에 대한 욕구를 충족시킬 권리를 가지고 있다는 근본적인 문제와 많은 사람들이 그들의 심리적, 사회적 그리고 신체장애 때문에 그러한 욕구를 만족시킬 수 없게 된다는 사실에 근거를 두고 있다."

치료레크리에이션은 무엇보다도 인간에 대한 놀이의 심리적 가치를 그 배경으로 하는 것이라고 볼 수 있는데 환자들이 레크리에이션 활동에 참여함으로써 개인의 욕구를 발산하여 치료에 도움이 될 수 있는 경우도 있고 집단레크리에이션 경험을 통하여 타인과의 원만한 인간관계에서 오는 사회화의 효과도 기대할 수 있는 것이다. 그렇기 때문에 많은 병원의 의사들은 이러한 레크리에이션의 가치를 인정하고 또 실제로 적용하고 있다.

1953년 미국 병원레크리에이션 구역 내에서 병원위원회가 레크리에이션 개념에 관한 연구를 수행하도록 지정되었다. 그들의 연구는 "병원레크리에이션의 기본적인 개념"이라는 제목으로 보고되었으며 그 내용은 다음과 같다.

> "치료레크리에이션은 정신적, 정서적 그리고 신체적 안전에 필수적 요소이며, 특별 프로그램을 제공하여 회복기의 환자를 치료하고 재활시키는 데 있어 중요한 역할을 한다."

또한 환자의 회복을 돕는 치료 레크리에이션 지도사의 임무는 다음과 같다.

첫째, 환자의 치료 및 병원 환경 적응을 용이하게 한다.

둘째, 건전한 정신, 정서와 물리적 건강, 회복과 증진에 기여한다.

셋째, 의학적으로 정상적인 레크리에이션 활동을 할 수 있도록 프로그램을 제공한다.

이상에서와 같이 치료레크리에이션은 다양한 정의와 관련되어 존재하는 변수들이 있음에도 불구하고, 치료효과를 높이기 위한 잠재성을 내포한 채 특별 프로그램을 통한 다양한 경험으로 정의될 수 있다.

제2절 │ 치료레크리에이션의 필요성

치료레크리에이션이 필요한 근본적인 이유는 인권의 존중에 있다고 볼 수 있다. 즉 정상인들이 레크리에이션에 대한 만족을 요구하고 있는 것과 같이 장애인들에게도 똑같은 요구가 존재하고 있다는 것을 인정하는 것이다. 다만 치료레크리에이션이 일종의 치료적인 역할을 하고 있는 것은 그들이 특별한 장애조건을 갖고 있기 때문이다. 따라서 이러한 특수계층에게 잘 계획된 레크리에이션 프로그램을 제공함으로써 얻을 수 있는 이점은 여러 가지가 있다. 즉 장애인 혹은 환자들의 치료를 도울 수 있고, 보다 바람직한 사회적응을 꾀할 수 있고, 퇴원 후의 개인적인 여가생활에 필요한 기술과 습성을 길러주며, 레크리에이션 활동에 참가함으로써 자신과 타인에 대해 올바르게 이해하여 자신의 생활에 자신감을 가질 수 있다. 뿐만 아니라 치료레크리에이션 프로그램의 대부분은 물리적인 치료보다 훨씬 좋은 효과를 가져다 줄 가능성이 있다는 것이다. 그 이유는 무엇보다도 자발적인 참여와 흥미 혹은 보람을 스스로 발견하게 된다는 레크리에이션의 장점 때문이다. 따라서 이러한 효과를 최대한으로 거두기 위해서는 적절한 프로그램을 알맞게 적용시켜야 한다는 레크리에이션 지도의 원리를 중시해야만 한다. 전문적인 치료레크리에이션 지도자가 필요해지는 이유가 바로 여기에 있으며, 이는 치료의 효과와 여가교육, 그리고 인권의 존중이 치료레크리에이션을 필요하게 하는 근본이유가 되기 때문이다.

제3절 ┃ 치료레크리에이션의 특징 및 과정

치료레크리에이션의 특징은 다음과 같다. 첫째, 치료레크리에이션 개입의 주목적은 치료이다. 둘째, 치료레크리에이션 개입 목표 중 하나는 클라이언트가 생활하는 데 필요한 기능을 향상시킬 수 있도록 도와주는 것이다. 셋째, 치료레크리에이션은 질병의 치료뿐만 아니라 건강과 삶의 질 향상을 위한 여가 라이프스타일을 만드는 과정이다. 넷째, 클라이언트는 치료레크리에이션 전문가로부터 도움을 받아야 한다.

이러한 치료레크리에이션 프로그램을 성공적으로 개발하고 제공하기 위해서는 체계적이고 일관성 있는 과정이 필요하다. 치료레크리에이션 과정은 사정(assessment), 기획(plan), 실행(implementation), 평가(evaluation)의 4단계로 구분된다. 이러한 과정은 치료레크리에이션 전문가로 하여금 궁극적으로 효과적인 서비스를 제공할 수 있도록 하는 데 결정적인 역할을 하는 것으로 사정단계에서는 참가자의 장·단점, 기대, 관심, 건강상태 등을 포함한 전반적 상황을 파악한다. 기획단계에서는 참가자의 욕구나 프로그램에 부합하는 치료레크리에이션 프로그램을 기획한다. 실행단계에서는 클라이언트의 운동학적·인지적·정서적·사회적 측면의 활동을 분석한다. 평가단계에서는 기획한 것들이 얼마나 효율적으로 이루어졌는지 비교·분석하는 단계로, 기획단계에서 설정된 목표가 얼마나 효율적으로 달성되었는지를 파악하는 것이다.

치료레크리에이션이란 신체적, 정신적 제약을 갖고 있어 특별한 관심을 요하는 특수계층 사람들을 대상으로 레크리에이션 프로그램을 제공하여 그들의 정신적·신체적 상태를 보다 양호하게 하여 정상인들처럼 사회생활이나 자신의 여가를 관리할 수 있도록 도와주는 데 있다.

치료레크리에이션을 성공적으로 개발·제공하기 위해서는 체계적이고 일관성 있는 과정이 필요하다. 치료레크리에이션 과정은 사정(assessment), 기획(plan), 실행(implementation), 평가(evaluation)의 4단계로 구분된다.

제 10 장

레크리에이션 리더십의 이해

제1절 | 지도자의 개념 및 임무
제2절 | 레크리에이션 지도자의 자질
제3절 | 리더십의 정의 및 이론

제10장 레크리에이션 리더십의 이해

제1절 | 지도자의 개념 및 임무

1. 레크리에이션 지도자란 무엇인가?

일반적 의미의 지도자는 집단에 군림한다는 뜻을 지니기도 하나 레크리에이션 지도자란 안내, 지원, 협조를 통하여 놀이의 구체적 방법을 학습시키는 자를 말한다. 놀고자 하는 충동은 분명히 본능적이다. 그러나 놀이의 구체적인 방법은 학습을 통하여 습득되는 것이며 학습이 있는 곳이면 당연히 지도자가 있게 마련이다.

레크리에이션 활동의 전개에는 여러 단계의 지도가 필수적이다. 처음에는 그저 즐겁기만 하면 흡족해 하는 단계에서 차차 나아가면 보다 더한 즐거움을 추구하여 지도자를 필요로 하게 되며 적절하고 뛰어난 지도에 의하여 그 효과는 극대화되는 것이다. 레크리에이션 지도의 영역은 그 범주가 광범위하여 레크리에이션 기술에 한정되지 않고 카운슬링, 계획, 조직, 관리 등도 포함시킨다. 레크리에이션 활동을 지도하는 지도자는 참가자와 같은 목적을 위하여 정확히 방향을 제시해야 한다.

2. 레크리에이션 지도자의 임무

레크리에이션 지도자의 임무는 두 가지로 대별할 수 있는데 하나는 사회의 요구에 부응하는 것이요, 또 하나는 활동하는 사람들의 요구에 호응하는 것이다. 그 내용을 요약하면 다음과 같다.

① 참가자를 조정, 통솔
② 조직
③ 활동 프로그램 작성
④ 교수 및 안내지도
⑤ 놀이정신의 정립
⑥ 평가

제2절 | 레크리에이션 지도자의 자질

레크리에이션 지도자로서 성공하기 위해서는 어떤 자질이 필요한가? 이에 대한 답은 레크리에이션 지도자란 말 그 자체에 있다. 즉 레크리에이션에 알맞은 자질과 지도자로서의 적당한 자질과의 만남이다.

그렇다면 지도자에 알맞은 자질이란 무엇인가? 자질이란 원래 타고난 바탕, 성품, 천성을 의미하는 것으로 태어나면서 지도에 현저한 본질적 특징을 지니는 것이라 할 수 있다.

한편 레크리에이션에 알맞은 자질은 레크리에이션의 기본적 특징을 생각해 보면 알 수 있다. 즉 하나의 특징은 사람을 매혹하는 행동을 유발시키는 것이요, 또 하나는 그 결과가 만족과 희열을 가져다주는 것이다.

위의 기본적 자질을 중심으로 보다 구체적인 자질요건을 예시해 본다.

1. 인격적 자질

사람의 품격을 일컫는 인격이란 개인의 지, 정, 의 및 육체적 측면을 총괄하는 전체적 통일체를 말한다. 때문에 레크리에이션 지도자의 가치관이나 태도, 외모 등의 인격적 자질이 중요시된다. 레크리에이션 지도자에게 바람직한 자질을 세분하여 구체화하면 다음과 같다.

1) 신체적 요소
건강미, 생명력, 청결한 몸가짐, 우수한 체력

2) 성격적 요소
밝은 모습, 결단력, 유머감각, 안정감, 호감, 감동력, 인내력

3) 사회적 요소
포용력, 통찰력, 이해력, 봉사정신, 설득력, 협조성

4) 지적 요소
명확한 사고력, 판단력, 조직력, 표현력, 민주적 운영 가능성, 미래지향적

5) 도덕적 요소
건전한 인생관, 올바른 가치관, 윤리관

2. 교양적 자질

교양이란 학식을 배워서 닦은 수양, 또는 인격생활을 고상하고 풍부하게 하기 위하여 지, 정, 의의 전반적인 발달이 이루어지도록 수양 또는 그렇게 하여 체득된 내용을 말한다. 교양(culture)은 그 어원상의 뜻이 경작

(cultivation)을 일컫듯이 저절로 얻어지는 것이 아니고, 보다 많은 경험을 통하여 체득하게 되는 것이다.

1) 일반교양

① 인문과학: 국어, 심리학, 철학, 교육학, 의사소통
② 자연과학: 생물학, 천문학, 지리학, 생리학
③ 사회과학: 사회학, 사회심리학, 사회병리학, 역사, 정치, 경제, 인사관리, 홍보
④ 보건: 공중위생, 구급법, 영양학

2) 전문교양

레크리에이션 제반이론, 캠핑이론, 지도자론, Programming, Sports program 구성, 시설계획, 지역사회조직

3. 기능적 자질

레크리에이션 지도자의 기능적 자질은 레크리에이션 활동의 기술지도와 관리상의 기능으로 구분된다(예: 각 활동종목; 조형예술, 춤, Drama, 문학적 활동, 음악, 야외활동, 게임, Sports 활동).

제3절 ┃ 리더십의 정의 및 이론

1. 리더십의 정의

리더십이란 리더와 구성원 사이에서 발생되는 지도력을 의미한다. 활용하는 목적과 시각에 따라, 그리고 리더십을 적용하는 환경 차이에 따라 통일된 개념의 정의가 쉽지 않다. 또한 리더십의 구성요소들을 기초로 하여 정의하는 데 있어 한 개인이 다른 구성원에게 이미 설정된 목표를 향하여 전진하도록 영향력을 행사하는 과정이라 설명하고 있으며, 이와 같은 리더십에 내포된 기본적인 개념은 다음과 같이 요약할 수 있다.

첫째, 리더십은 목표와 관련된다. 즉 리더십은 팀이나 집단이 달성하고자 하는 미래상으로서의 목표를 전제로 행동이 전개되는 과정이며 팀 관리의 필수 불가결한 요소이다.

둘째, 리더십은 지도자와 참가자 간의 상호관계이다. 리더는 그가 통솔하는 팀 집단 전체의 목표와 그 자신의 권위에 입각하여 참가자의 행동에 영향을 미친다.

셋째, 리더십이 공식적 계층제의 책임자만이 갖는 것이 아니라 집단 내 타 구성원의 행동을 자극하고 영향을 미치는 과정이라면, 팀 책임자의 집권력과 구별되어야 한다.

넷째, 리더십은 리더가 참가자에게 일방적으로 행동을 강요하는 것이 아니라 어디까지나 상호작용과정을 통해서 발휘되는 것이다.

다섯째, 리더십은 리더의 권위를 통해서 발휘되는 것이다. 리더가 타인의 행동을 유도하고 인도하며, 조정·통합할 수 있는 능력에 따라 발휘되는 것이다. 이러한 권위는 공식적·법적으로 부여된 지위뿐만 아니라 전문가적인 기술능력과 기타 여러 가지 지도자의 자질과 특성에 내재되는 것이다.

여섯째, 리더십은 소속집단 및 팀 내에서 분화된 여러 가지 직능을 수행한다. 그중에서 지도자에 관한 요인, 참가자에 관한 요인, 그리고 상황적 집단들이 리더십에 영향을 미친다.

2. 리더십의 이론

리더십 연구는 연구자의 연구방법론적 관점과 개념의 차이에 따라 특성이론, 행동이론, 상황이론으로 구분할 수 있으며, 최근에는 카리스마적 리더십이론, 거래적 리더십이론, 변혁적 리더십이론, 감성적 리더십이론 등이 연구되면서 리더십의 새로운 패러다임이 제시되고 있다.

1) 특성이론(Trait Theory)

최초의 체계적인 리더십 연구의 시도였던 특성이론은 효율적인 리더가 비효율적인 리더와 명확하게 구별되는 몇 가지 특성과 자질을 갖고 있다고 가정하고 있으며, 이 접근법의 특징은 선천적이든 후천적이든 리더의 공통적인 특성을 규명하는 것이었다.

즉 리더가 고유한 개인적인 특성만을 가지고 있으면 그가 처해 있는 상황이나 환경에 관계없이 항상 리더가 될 수 있다는 것이다. 따라서 모든 사람이 리더의 자질을 구비하고 있지 못하기 때문에 그러한 특성을 가진 사람만이 리더가 될 수 있음을 의미한다.

이러한 특성연구는 Stogdill(1974)에 의해 완성되었는데, 첫 번째 연구는 1904년부터 1947년 사이에 이루어졌던 124건의 특성연구를 종합 분석하였다. 또한 두 번째 연구에서는 1948년부터 1970년 사이에 완성된 143건의 특성연구를 분석하였다. 이 같은 특성연구의 결과들을 면밀히 검토한 끝에 개인의 특성이 리더십과정에 어떤 영향을 미치는가에 대한 보다 면밀한 이해를 할 수 있게 되었다.

2) 행동이론(Behavioral Theory)

리더가 무엇을 어떻게 행동하는가에 초점을 두고 있으며, 여러 가지 면에서 특성이론과 차이가 있다. 행동이론가들은 개인의 성과 혹은 집단의 성과에 영향을 미치는 리더의 행동이 어떤 것인가를 연구하는 데 관심을 갖고 있다. 반면에 특성이론가들은 리더의 성과에 관련되는 지능 혹은 자신감과 같은 리더의 자질을 어떻게 측정할 수 있는가를 연구하는 데 관심을 두었다.

두 이론은 방법과 가정에서 차이가 있으며, 행동이론가들은 리더의 행동은 성과에 영향을 미치며 관찰 가능한 행동이라고 가정하고 있으나, 특성이론가들은 리더를 효율적으로 만드는 것은 리더의 특성이라 가정하여 리더의 행동에 관한 면을 고려하지 않고 있다.

따라서 두 이론 간에는 보다 미묘한 차이가 있으며, 특성이론에서 볼 때 리더는 후천적인 것보다는 선천적인 것으로 가정하고 있고, 행동이론에서는 행동이 변하게 되면 리더는 만들어지거나 개발될 수 있다고 가정하고 있다.

3) 상황이론(Situational Theory)

리더십 특성이론과 행동이론은 어떤 이상적인 리더십 형태를 발견하려고 하였지만 리더십의 효과성과 효율성 측면을 충분히 설명하지는 못하였다. 비록 어떤 한 가지 형태가 유효한 것이라 할지라도 상황이 바뀌면 효과성도 달라진다는 것을 예측하지 못한 것이다. 따라서 어떤 상황에서나 효과적으로 적용될 수 있는 하나밖에 없는 리더십 유형이란 없다는 것을 인식하고 리더십의 효과성을 상황과 연결시키려는 상황이론이 등장하게 된 것이다(Fiedler, 1967).

상황이론에서는 주어진 상황하에서 리더에게 가장 효과적인 특성과 행동을 결정해 주는 상황 국면을 찾아내는 것에 관심을 가지고 있다. 이러한 상황이론에는 Fiedler(1967)의 상황모형과 Reddin(1970)의 다차원 이론이 있으며, 이는 경청(listening), 공감(empathy), 치유(healing), 설득(persuasion), 인지(awareness), 통찰(foresight), 비전의 제시(conceptualization), 청지기 의식(stewardship), 구성원의 성장(commitment to growth), 공동체 형성 (community building) 등의 요인을 리더십의 하위 행동특성으로 제시하였다.

이상 리더십에 관한 세 가지 이론을 레크리에이션 지도에 적용해 보면 세 가지 이론을 통합한 것이 가장 효과적인 것이라 할 수 있으며, 다음과 같이 요약할 수 있다.

① 레크리에이션 지도에서 지도자는 어떤 특정한 개인적 특성을 가지고 있어야 한다.
② 레크리에이션 상황은 다양하기 때문에 여러 가지 지도기술이나 접근(Approach)이 필요하게 된다.
③ 레크리에이션 그룹의 집단기능은 지도자에 의하여 혹은 그룹의 여러 가지 성원에 의하여 수행된다. 따라서 레크리에이션 지도는 성원 공유의 과정이므로 구성원과 지도자의 상호관계를 통하여 그 효과를 얻을 수 있다.

레크리에이션 지도자란 안내, 지원, 협조를 통하여 놀이의 구체적 방법을 학습시키는 자를 말하며, 레크리에이션 지도의 영역은 그 범주가 광범위하여 레크리에이션 기술에 한정되지 않고 카운슬링, 계획, 조직, 관리 등도 포함시킨다.

지도자의 리더십을 설명하는 가장 대표적인 이론에는 특성이론, 행동이론, 상황이론이 있으며, 이를 레크리에이션 지도에 적용해 보면 세 가지 이론을 통합한 것이 가장 효과적인 것이라 할 수 있을 것이다.

제 11 장

여가와 관광

제1절 | 관광의 개념
제2절 | 문화 관광축제
제3절 | 위락관광자원
제4절 | 관광마케팅

제11장 여가와 관광

제1절 | 관광의 개념

1. 관광의 어원

관광의 사전적 의미는 "다른 지방이나 다른 나라에 가서 그곳의 풍경, 풍습, 문물 따위를 구경한다"라고 되어 있다. 이러한 의미는 기원전 8세기 경 중국 주(周)나라의 경전인 『역경(易經)』에 "관국지광 이용빈우왕(觀國之光利用賓于王)"이란 문구에서 그 유래를 찾아볼 수 있다. 이 뜻은 '왕의 귀빈으로 초청받아 방문하였을 때 왕의 초청에 대한 손님다움을 표하기 위해 그 나라의 빛(光)을 보는 것은 왕의 손님이 되기에 족하다'라는 의미로 사용되었으며, 여기에서 빛은 그 나라의 풍속, 관습, 문물제도 등을 살펴보는 것을 뜻한다. 이때 관광은 다른 나라의 문물을 살펴보러 오는 사람들에 대해서는 나라의 임금을 모시듯 환대하였다는 의미로 사용되었다. '관국지광(觀國之光)'에서 첫 자와 끝자를 결합하여 '관광(觀光)'이라는 용어를 사용하게 되었고, 이것이 오늘날 사용되는 관광의 기원이 되었다고 한다.

관광이라는 용어를 서양에서는 'Tourism'으로 표기하며, 이는 짧은 기간 동안의 관광을 뜻하는 'Tour'의 파생어이고, 이 단어는 라틴어의 'Tornus'에서 유래된 것으로 '중앙 또는 축을 중심으로 이동함'을 의미한다. 'Tornus'는 영어 'Tour(여행)'와 'Turn(돌아다니다, 순회하다)'이라는 용어를 파생시켰으며, 'Tourism'은 'Tour'에 접미어 '-ism'(~한 행위, 상태)이 붙은 단어로서, 결국 '여행을 한 행위 또는 상태'를 의미한다.

관광에 관한 서양의 어원은 1811년 영국의 스포츠 매거진(The Sporting Magazine)에서 "Tourism"이라는 용어가 처음으로 소개되어 관광에 대한 이론과 실제를 의미하는 용어로서 일반화되었다.

이와 같이 관광의 동양적 어원은 관광의 대상에 초점을 두고 감상하는 정적인 의미가 강한 반면에, 서양의 어원은 돌아다니는 행위에 중점을 둔 동적인 의미가 강하다고 볼 수 있다.

2. 관광의 정의

관광을 학문적인 견해에서 이해하고 개념을 정의한다는 것은 매우 어려운 일이며, 학자나 기관에 따라 다양하게 나타나고 있다.

1) 슐레른(Schulern, 1911)의 정의

관광에 대한 초기의 정의를 독일학자들이 주도하였으며, 그중 슐레른은 "관광이란 일정한 지역 또는 타국에 여행하여 체재하고 다시 돌아오는 외래객의 유입, 체재, 유출의 형태를 취하는 모든 현상과 그 모든 현상은 경제적인 사상과 결부되어 있다"고 주장하여 경제적인 측면을 강조하였다.

2) 보르만(A. Bormann, 1931)의 정의

독일 관광이론의 권위자인 보르만은 그의 저서 『관광론』에서 "견문, 유람, 휴양, 상용 등의 목적 또는 그 밖의 특수한 사정에 의하여 거주지를 일시적으로 떠나는 여행의 모든 것"이라고 하였다.

3) 글뤽스만(R. Glücksmann, 1935)의 정의

독일학자인 글뤽스만은 그의 저서『일반관광론』에서 관광이란 "거주지를 떠나서 일시적으로 체재하는 관광자와 그 지역주민들과의 사이에서 파생되는 모든 관계의 총체"라고 정의하고 있다.

4) 오길비(Ogilvie, 1933)의 정의

영국학자인 오길비는 관광이란 "1년을 초과하지 않은 기간 동안 거주지를 떠나고, 그 기간 중에 관광지에서 돈을 소비해야 하며, 소비하는 돈은 그 관광지에서 취득한 것이 아니어야 한다"고 정의하였다.

5) 메드생(Medecin, 1966)의 정의

메드생은 관광이란 "사람이 기분전환을 하고, 휴식을 취하는 것이며, 또한 새로운 분야나 미지의 자연풍광을 접함으로써 그 경험과 교양을 넓히기 위하여 여행을 한다든가 거주지를 떠나 체재하면서 즐기려는 여가활동의 일종"이라고 정의하여 사회문화적 측면에서 정의하였다.

6) 쓰다 노보루(津田昇, 1966)의 정의

쓰다 노보루는 관광을 보다 쉬운 개념으로 정의하였는데 관광이란 "사람이 일상생활권을 떠나 다시 돌아올 예정으로 타국이나 타 지역으로 문물·제도 등을 시찰하거나 풍경 등을 감상할 목적으로 여행하는 것"이라 하였다.

7) 국제연합 세계관광기구(UNWTO: United Nations World Tourism Organization, 1982)의 정의

국제연합 세계관광기구(UNWTO)에서는 관광이란 "즐거운, 위락, 휴가, 스포츠, 사업, 친구, 친지방문, 업무, 회합, 회의, 건강, 연구, 종교 등을 목적으로 방문국가를 적어도 24시간 이상 1년 이하의 기간 동안 체류하는 행위"라고 정의하였다.

8) 이장춘(1986)의 정의

이장춘 박사는 관광이란 "주거지를 떠나 휴식, 휴양, 위락, 놀이, 교육, 교양증진 및 수련을 통한 자기발견으로 삶의 가치증대를 꾀하며, 이를 위한 시설, 지원, 제도, 정책이 뒷받침되는 현상"으로 정의하여 인간 삶의 가치를 중요하게 보고 있다.

9) 일본 관광정책심의회의 정의

일본 관광정책심의회에서는 관광이란 "자기의 자유시간(여가) 안에서 감상, 지식, 체험, 활동, 휴양, 참가 및 정신적 고무 등의 생활변화를 추구하는 인간의 기본적 욕망을 충족시키기 위한 행위(레크리에이션)들 중에 일상생활권을 떠나 색다른 자연 및 문화 등의 환경하에서 행하고자 하는 일련의 행동"으로 정의하였다.

앞에서 언급한 관광의 정의를 살펴보면 관광에는 5가지의 전제조건이 있음을 알 수 있다.

① 일탈성: 관광은 거주지나 일상생활권을 벗어난 일탈적 이동이 있어야 한다. 즉 타 지역으로의 출·퇴근 및 가사 등을 위한 이동은 일상생활권이므로 관광으로 볼 수 없다는 것이다.

② 목적성: 견문, 위락, 휴양, 상용, 종교 등 여행의 목적이 뚜렷해야 한다. 예를 들면 식량을 구하기 위한 이동이나 단순한 떠돌이는 관광

이라고 볼 수 없는 것이다.

③ 체재성: 관광은 타 지역 또는 타국에서 체재를 해야 한다. 만약 타 지역 또는 타국에서 체재하지 아니하고 교통수단에 의하여 단지 스쳐 지나간다면 그것은 관광이 아니라는 것이다.

④ 소비성: 관광은 소비가 수반되어야 하며, 그 소비는 관광지에서 취득한 돈이 아니어야 한다. 즉 무전여행 등은 관광으로 볼 수 없으며, 타 지역이나 타국에서 돈을 버는 행위는 취업이지 관광이 아니라는 것이다.

⑤ 한시성: 관광은 일정기간 또는 1년 이내와 같이 기간이 한시적이어야 한다. 즉 장기간 또는 돌아올 예정이 아니라면 이주로 간주되는 것이다.

따라서 관광이란 "일상생활권을 벗어나 견문, 위락, 휴양, 상용, 친지방문, 종교, 치료 등의 여행목적이 뚜렷해야 하고, 여행지에서 체재하면서 그 기간 동안에는 숙박, 음식, 교통, 관람, 체험, 쇼핑 등 소비를 하고, 다시 거주지로 돌아오는 현상"이라고 정의할 수 있다.

생활의 질 향상을 위한 수단으로 이용되는 여가생활의 한 부분인 관광은 레크리에이션의 사회적 기회를 제공하고 정신적 건강에 기여하며, 서로 다른 사회계층 간의 관계 개선을 촉진시켜 지역사회의 질 향상에 크게 기여하고 있다. 특히 개인의 욕구가 경제적, 물질적 풍요함에 있어서 건강, 정신적 안정이나 인간다운 문화적 가치의 추구 등 경제외적 내지 내면적인 것으로 옮아가고 있음을 감안할 때, 인간개발의 중요성이 강조될 수 있으며 그 하나의 수단으로서 관광은 그 기능을 할 수 있다.

제2절 │ 문화 관광축제

1. 축제의 기원

축제가 언제, 어떻게, 어디서 시작되었는지 정확히 알 수는 없으나 축제
는 인류문화사에서 보편적으로 존재하였던 문화현상으로서 그 기원은 초기
인류사회의 원시신앙, 제천의식, 놀이 등에서 찾을 수 있다(이정학, 2015).

우리나라 축제의 발생시기도 정확히 알 수 없으나,『삼국지』의「부여전」
에 의하면 "정월에 하늘에 제사를 지내고 음주와 가무를 즐겼는데 이를
영고라 하였다(以殷正月祭天國中大會連日飮食歌舞名日迎鼓)"라는 대목
이 있으며, 역시『삼국지』의「고구려전」에 의하면 "10월에 온 사람이 모
여서 하늘에 제사를 지내고 이를 동맹이라고 하였다(以殷十月祭天國中大
會名日東盟)"라는 기록이 있다. 예(濊)에서도 무천(舞天)이라 하여 10월에
공동으로 하늘에 풍년을 빌고 추수에 감사하는 의식을 지내고 춤과 노래
를 즐기는 등 부족 간의 친목도 도모하였다고 전한다.

이와 같이 고대인들은 제천의식을 통해 풍년을 빌고 추수를 감사히 여기
는 제(祭)를 올렸으며, 그 기간 중에 사람들이 모여 음주가무를 즐겼는데
(祝) 이것이 축제(祝祭)의 의미로 발전된 것이다. 따라서 영고, 동맹, 무천
과 같은 제천의례는 우리나라 축제의 문헌상 시원(始原)이라고 할 수 있다.

2. 전통적 의미의 축제

우리나라 국어사전에서는 축제를 "축하의 제전 또는 축하와 제사"로 정
의하고 있다. 즉 축제는 경사스러운 날과 제사드리는 날의 합성어라고 할
수 있다. 영어의 페스티벌(festival)도 성일(聖日)을 의미하는 라틴어 'Festivals'
에서 유래되었다는 점에서 종교와 깊은 관계가 있다. 이와 같이 축제는

종교성(祭)과 예술성(祝)의 복합으로서 역사성, 지역성, 민중성을 가미시켜 신명을 구현하는 신화적 집단놀이라고 할 수 있다(윤광봉, 2000).

따라서 전통적 의미의 축제는 신(神)에 대한 성스러움을 표현하고자 하는 신성성(神聖性)을 바탕으로 특정한 제의(祭儀)를 갖고, 유희를 즐기는 것이라고 정의할 수 있다.

3. 현대적 의미의 축제

현대적 의미의 축제는 제의적 요소는 약화된 반면 유희적 측면의 놀이가 강조된 여가 차원의 문화적 이벤트의 성격이 강하다고 할 수 있다. 또한 과거의 축제에서는 축제를 준비하고 향유하는 사람이 일치하였지만 현대에 와서는 준비하는 자와 향유하는 자가 분리되고 있다.

축제에 해당하는 영어인 'festival'의 사전적 의미는 "축연과 축하를 위해 비워둔 날이나 기간(a day or period of time set aside for feasting and celebration)"이며, 이벤트관리 국제사전에서는 "행위의 다양한 볼거리를 통해서 참가자와 관객들에게 특정한 의미를 전달하는 대중적인 의식(a public celebration that conveys, through a kaleidoscope of activities, certain meaning to participants and spectators)"이라고 정의하였다. 특히 이벤트 학자 게츠(Gets, 1997)는 축제를 "공공적이고 주제가 있는 의식(a public, themed celebration)"이라고 간략히 정의하였다.

따라서 현대적 의미의 축제는 "특정한 의미의 주제를 갖추고 대중들에게 유희거리를 제공하는 의식"이라고 정의할 수 있다.

4. 축제의 진정성

축제로서의 존재가치는 진정성(authenticity)에 있다. 진정성이란 확실하고 근거가 있거나 믿을 만한 것 또는 참되고 바른 것을 의미한다. 많은 축제들은 진정성을 확보하지 못해 지역민이나 방문객으로부터 외면당하는 경우가 많다.

진정성을 확보하기 위해서는 축제를 거행함에 있어 첫째, 지역성과 역사성이 반영되어야 하고 둘째, 지역의 삶과 생활환경이 반영되어야 하며 셋째, 축제의 프로그램이 주제와 부합되어야 하고 넷째, 전통문화축제라면 토속적인 공연, 음식, 관습, 춤, 수공예품 등을 제공해야 하며 다섯째, 지나친 상업적 목적을 배제해야 한다.

이와 같이 축제는 진정성을 통하여 지역민과 방문객이 함께 참여하고 경험하여 일체감은 물론, 해당 축제의 진정한 의미를 느낄 수 있어야 한다.

5. 축제의 효과

1) 경제적 효과
① 지역경제 활성화
② 관광수입의 증대
③ 관광수익의 지역 환원
④ 대안 관광상품으로서의 역할
⑤ 관광비수기 타개
⑥ 관광목적지로서 매력성 증대 등

2) 사회적 효과
① 화합의 장
② 지역의 애향심 및 자긍심 고취
③ 지역 간의 교류 촉진
④ 지역발전의 계기
⑤ 지역의 대외 홍보 및 이미지 제고 등

3) 문화적 효과

① 전통문화의 보존과 계승 및 복원

② 문화욕구 충족 및 일탈의 장 제공

③ 지역문화의 창달 및 진흥

④ 문화교류의 장

⑤ 지역문화의 대외 이미지 제고 등

4) 교육적 효과

① 현장 체험학습의 장

② 사회성 학습의 장 제공 등

6. 지역축제의 분류

축제의 성격에 따라 전통문화축제, 문화예술축제, 지역특산물축제, 지역테마형 축제 등으로 구분하고 있다(이정학, 2015).

1) 전통문화축제

전통문화축제는 지역공동체의 구성원들이 여러 세대에 걸쳐 축적해 온 고유문화를 정례적으로 표출한 것으로서 이를 통해 선조들의 역사와 삶의 방식을 학습할 수 있으며, 후손에게 지속적으로 보전할 수 있는 계기를 마련해 준다.

따라서 전통문화축제는 지역의 전통이나 역사성에 기반하고 있는 민속, 관습, 제의(祭儀) 등의 문화를 계승하고 보전하거나 역사적 인물을 추모하려는 목적으로 개최되는 축제를 말하며, 대표적인 축제로는 강릉 단오제와 남원 춘향제를 들 수 있다.

그 예로 남원 춘향제는 '춘향전'을 배경으로 남원에서 춘향의 절개와 정절을 상징으로 숭상하고 이를 숭모하기 위한 축제로 매년 5월 5일 전후로 개최되고 있으며 2020년 제90회가 개최될 예정이다.

춘향제는 1931년 일제강점기에 남원의 유지들이 주축이 되어 권번의 기생들과 힘을 합하여 기금을 모금하고 당시 개성, 진주, 평양, 동래, 한양 권번들의 협조 속에서 민족의식 고취와 춘향의 절개를 이어받고자 설립하고 제사를 지내게 된 것이다. 춘향과 이도령의 아름다운 사랑과 정절, 잘못된 사회상에 항거하는 불굴의 정신 등을 널리 선양하고자 열리는 춘향제는 전국 최고의 향토문화축제로도 잘 알려져 있다(이순구·박미선, 2011).

2) 문화예술축제

문화예술축제는 현대적 관점에서 문화와 예술(연극, 무용, 춤, 음악, 미술, 영화 등)을 소재로 하여 그 문화와 예술을 창달할 목적으로 개최되는 축제를 말한다. 대표적인 축제로는 안동 국제페스티벌, 춘천 국제마임축제, 평창 효석문화제, 영동 난계국악축제 등을 들 수 있다.

그 예로 안동 국제페스티벌은 전통문화의 전승과 재현을 통해 문화시민으로서 자긍심을 고취하고자 1997년부터 개최되었다. 주요 행사는 여는 굿으로 시작으로 하여 국내탈춤 연행, 국외탈춤, 마당극, 안동민속축제, 예술제, 맺음굿 순으로 진행된다. 축제기간 중 국내 중요문화재 지정 탈춤 13개가 공연되고, 세계 여러 나라의 민속탈춤, 민속축제와 도산별시, 안동차전놀이, 안동놋다리밟기 등의 다양한 부대행사가 열린다.

국내외 탈춤단체들이 서로의 신명을 함께 느끼며 문화적 교류를 꾀하는 탈춤인들의 진정한 축제의 장으로, 축제관람자는 국내외 탈춤을 행사기간 중에 접할 수 있어 문화체험의 기회를 넓힐 수 있다. 매년 10월에 열리는 안동국제탈춤페스티벌은 2018년 21회가 개최될 예정이며, 문화체육관광부 지정 6년 연속 최우수축제, 3년 연속 대한민국 대표축제로 세계인의 가슴속에 각인되는 한국을 대표하는 축제로 자리매김하였다.

3) 지역특산물축제

지역특산물축제는 지방자치단체의 경제적 이해와 방문객의 먹거리 및 즐길거리 등의 축제적 요소를 함께할 수 있다는 점에서 최근에 각광받고 있다. 그 지역 고유의 특산물에 대한 우수성을 널리 홍보하고, 특산물 판매를 통한 지역 및 가계의 경제적 효과를 기대하는 축제로서 지역특산물을 매개로 한 문화 프로그램과의 유기적 연관성을 찾는 데 그 목적이 있다. 대표적인 축제로는 강진 청자문화제, 금산 인삼축제, 하동 야생차문화축제 등을 들 수 있다.

그 예로 금산 인삼축제는 금산 인삼의 효능을 널리 알리기 위하여 개최되었으며 인삼을 소재로 한 다양한 행사가 열리고 있다. 1999년 제1회 국제인삼교역전 개최를 통해 국제인삼시장의 요충지로 발돋움하였고 제16회부터 문화체육관광부 집중육성축제로 선정되었다. 지역경제의 활성화 및 이미지 제고를 통하여 대규모 행사로 성장하였으며 산업형 문화관광축제로서 주목받고 있다.

가장 독특하다고 할 수 있는 인삼 캐기 여행은 참가자가 직접 인삼밭에 들어가 인삼을 채취하고 최적의 인삼 재배방법, 인삼 캐기, 좋은 인삼 고르기, 인삼요리 시식 등 인삼에 관한 모든 것을 배우는 테마여행으로서 최고의 인삼을 수확하는 기쁨과 채취한 인삼을 저렴한 가격에 구입할 수 있는 기회를 제공한다.

4) 지역테마형 축제

지역의 자연과 생태 또는 지리적, 산업적 특성에 의하여 현대에 와서 새롭게 개발된 축제를 말한다. 지역테마형 축제의 개최 목적은 ① 지역특성을 이용한 축제 아이템의 문화적 가치 부여 ② 지역특성과 축제와의 상호 연관성을 통한 지역이미지와 브랜드가치의 상승 ③ 지역경제와 문화의 발전을 도모하는 것이다.

이와 같이 지역테마형 축제는 해당 지방자치단체가 그 지역의 특색을

살려 얼마든지 새롭게 개발할 수 있다는 점과 관광객의 참여기회와 호응
도가 높다는 점에서 참신한 아이디어와 차별화된 프로그램이 요구된다.
대표적인 축제로는 보령 머드축제, 함평 나비축제, 김제 지평선축제 등을
들 수 있다.

그 예로 보령 머드축제는 보령 머드의 우수성을 알리고 대천해수욕장
을 비롯한 지역관광명소를 홍보하고자 충청남도 보령시에서 1998년 7월
처음으로 축제를 개최하였다. 축제에 사용되는 머드는 각종 불순물을 제
거하는 가공과정을 거쳐 생산된 머드분말로 피부미용에 탁월한 효과가
있다고 알려져 있는데 축제기간 중에는 머드게임 경연(슬라이딩 멀리하
기, 미끄럼틀 오르기, 외나무다리 건너기 등), 개막축하공연, 민속굿놀이,
머드분장 콘테스트, 보령 머드 홍보전, 축하공연, 머드 마사지체험, 해상
레저스포츠체험, 머드인간 마네킹, 관광상품 판매 등 다채로운 행사가 펼
쳐진다. 보령 머드축제는 2020년 23회를 맞이할 예정이며, 4년 연속 문화
체육관광부에서 지정한 대한민국 대표축제로 선정되었다.

〈축제의 성격에 의한 분류〉

전통문화축제	문화예술축제	지역특산물축제	지역테마형 축제
칭도 소싸움축제	안동탈춤페스티벌	광주 김치축제	고성 공룡나라축제
남원 춘향제	연동 난계국악축제	금산 인삼축제	김제 지평선축제
영암 왕인문화축제	춘천 국제마임축제	이천 쌀문화축제	연천 구석기축제
정월대보름들불축제	부산 국제영화제	양양 송이축제	대전 사이언스축제
진도 영등축제	평창 효석문화제	강경 젓갈축제	무안 연꽃축제
강릉 단오제		담양 대나무축제	무주 반딧불축제
충주 세계무술대회		하동 야생차문화축제	진도 신비의 바닷길축제
진주 남강유등축제		한산 모시문화제	함평 나비축제
아산 성웅이순신축제		이천 도자기축제	한라산 눈꽃축제
		강진 청자문화제	보령 머드축제
		대구 약령시축제	
		인제 빙어축제	
		부산 자갈치축제	

제3절 | 위락관광자원

1. 위락관광자원의 의의와 개념

위락(recreation)은 인간이 일을 떠나서 놀이나 즐거운 행위 또는 휴식을 취함으로써 몸과 마음 및 정신을 총체적으로 회복시키는 것을 의미한다. 의식주의 해결만을 위한 인간의 과거생활 형태는 여러 가지 요인에 의해 상당부분 변해가고 있음을 알고 있듯이 현대사회에 적응하기 위한 치열한 경쟁적 노력들이 인간에게 즐거움과 만족감을 주기보다는 오히려 과거에는 느끼지 못했던 육체적 피로와 정신적 혼란을 초래하고 있다.

이러한 피로와 혼란의 상태를 극복하고 재생력을 갖고 재도전하게 하기 위해서 효과적인 여가선용 측면의 레크리에이션이 필요하다. 현대인들은 레크리에이션을 통해 주로 몸과 마음을 쉬게 하고, 기분전환을 하며, 신체를 단련하고, 지식이나 정보를 얻으며, 인간적 유대를 깊이 하는 효과를 얻게 된다.

현대인들에게 위락은 삶의 질을 향상시키기 위하여 다양화·고급화되고 있고, 급속한 도시화와 산업화는 여러 형태의 위락적 관광상품을 개발해내고 있다. 이러한 과정에서 레크리에이션 시설의 증가는 당연한 것이다.

도심 내외에는 많은 위락공원이 조성되고, 스포츠시설 내에는 승마, 경마, 경륜을 비롯하여 다양한 스포츠 경기가 개최되어 도시민의 여가선용을 위한 매력 있는 공간으로 자리매김을 하고 있으며, 카지노, 게임, 골프, 스키 등은 각종 긴장과 스트레스를 풀고 재창조의 목적을 이룰 수 있는 좋은 위락적 관광자원이 되고 있다.

위락활동의 의의는 개인적으로는 자아 재발견, 자기 계발, 자아 창조에 도움을 주고, 사회적으로는 문화의 발전이나 교양적 효과 및 연대감의 형성이나 사회적 활동을 원활히 하는 데 도움을 준다.

2. 위락 관광자원 시설의 종류

관광 레크리에이션 시설의 종류에는 시설을 관리하기 위한 관리시설과 방호시설이 있고, 이용시설로는 교통수단 및 주차장을 비롯한 교통·운수시설, 이용객들의 숙박시설, 화장실을 비롯한 세면실 등의 위생시설, 교육을 위한 교육시설, 스포츠 및 레크리에이션을 즐길 수 있는 운동시설 등이 있다.

관광 레크리에이션 지구 개발의 지정이나 채택의 요건은 자연조건, 도시와의 연결, 지역주민과의 관계, 지역의 과소화를 방지하기 위한 지구의 정비가 있어야 효과적이다.

제4절 ┃ 관광마케팅

1. 마케팅의 정의

1) 미국 마케팅협회(AMA: American Marketing Association)의 정의

마케팅(Marketing)이란 개인이나 조직의 목표를 충족시키는 교환을 창출하기 위하여 아이디어, 재화 및 서비스의 개념화, 가격절충, 촉진 및 유통을 계획하고 실행하는 과정이다.

2) 코틀러(P. Kotler)의 정의

마케팅이란 제품이나 가치를 창조하거나 다른 사람들과의 교환과정을 통하여 소비자들의 필요(needs)와 욕구(wants)를 충족시키는 인간활동이다.

3) 피터 드러커(P. Drucker)의 정의

마케팅이란 가치 있는 고객의 체험을 창조하고 유지하는 것을 뜻한다.

2. 마케팅의 원칙

기업은 자사의 자원과 능력을 최대한 활용하여 시장기회를 포착하고, 자사가 부딪히는 위험을 최대한 줄일 수 있는 마케팅 전략을 세워야 한다. 소비자의 욕구가 다양하게 변화하는 호텔·관광서비스 기업의 경우 환경변화에 유연하게 대처하면서 기업의 마케팅활동을 전반적으로 조정, 통합할 전략적 지침은 필수적이다. 기업은 경쟁체제에서 살아남기 위해 고객의 욕구와 필요를 충족시켜 판매증대를 유도해야 한다.

1) 시장의 기회와 위협

시장의 기회란 소비자의 욕구와 필요가 만족되지 않는, 소비자의 문제로 경쟁이 없거나 약한 곳(상태)을 의미하는 것으로 일종의 틈새(niche) 시장이라고 할 수 있다. 위협은 기회와 정반대가 되는 개념이다. 일반적으로 부정적인 환경의 변화를 위협으로 간주하는 경향이 많으나, 환경변화 자체가 처음부터 위협을 제공하지 않는다는 사실을 주지하여야 한다.

동일한 환경 변화도 그에 대해 감지하지 못하고 영업에 부정적 영향을 받는 기업에게는 위협이지만, 앞서 대비한 기업에게는 기회로 작용하는 것이다. 즉 아무리 부정적인 환경의 변화도 특정 기업에게는 큰 기회가 될 수 있다는 것이다.

2) SWOT 분석

기업의 내부 환경과 외부 환경을 분석하여 강점(strength), 약점(weakness), 기회(opportunity), 위협(threat) 요인을 규정하고 이를 토대로 경영전략을 수립하는 기법으로, 미국의 경영컨설턴트인 알버트 험프리(Albert Humphrey)에 의해 고안되었다. SWOT 분석의 가장 큰 장점은 기업의 내·외부 환경변화를 동시에 파악할 수 있다는 것이다. 기업의 내부 환경을 분석하여 강점과 약점을 찾아내며, 외부 환경 분석을 통해서는 기회와 위협을 찾아낸다.

① 강점(strength): 내부 환경(자사 경영자원)의 강점
② 약점(weakness): 내부 환경(자사 경영자원)의 약점
③ 기회(opportunity): 외부 환경(경쟁, 고객, 거시적 환경)에서 비롯된 기회
④ 위협(threat): 외부 환경(경쟁, 고객, 거시적 환경)에서 비롯된 위협

SWOT 분석은 외부로부터 온 기회는 최대한 살리고 위협은 회피하는 방향으로 자신의 강점은 최대한 활용하고 약점은 보완한다는 논리에 기초를 두고 있다. SWOT 분석에 의한 경영전략은 다음과 같이 정리할 수 있다.

① SO전략(강점-기회전략): 강점을 살려 기회를 포착
② ST전략(강점-위협전략): 강점을 살려 위협을 회피
③ WO전략(약점-기회전략): 약점을 보완하여 기회를 포착
④ WT전략(약점-위협전략): 약점을 보완하여 위협을 회피

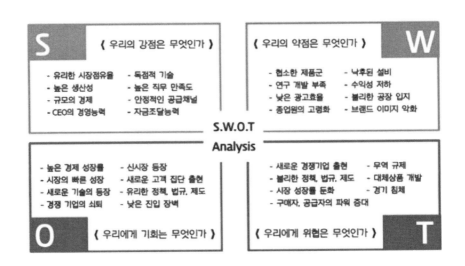

3) 시장상황 분석

시장상황 분석은 기업의 환경을 이해하는 단계를 말하며, 통상 3C분석이라 일컫는 경쟁자(competitor), 자사(company), 고객(customer)에 대한 분석을 통하여 이루어질 수 있다.

① 경쟁자(competitor) 분석
② 자사(company) 분석
③ 고객(customer) 분석

4) 시장세분화 및 표적시장

시장세분화(market segmentation)는 특정집단의 사람들, 즉 표적시장(target market)을 정하여 그들에게만 마케팅을 집중하는 것을 말한다. 기업이 높은 이익을 추구하기 위해서는 특정시장만을 목표로 삼아야 한다. 그리고 해당 기업과 브랜드를 고객에게 인식시켜 나가는 포지셔닝(positioning)전략이 필요하다. 이를 STP전략이라고 한다.

5) 제품 수명주기

고객이 구매하게 되는 모든 제품과 서비스는 ① 도입기 ② 성장기 ③ 성숙기 ④ 쇠퇴기의 과정을 거치게 된다.

기업은 각 과정마다 다른 마케팅 방법을 수행해야 한다. 그리고 상품이 오랫동안 살아남기 위해서는 성숙기를 최대한 길게 가져가야 하며, 쇠퇴기는 피해나가야 한다.

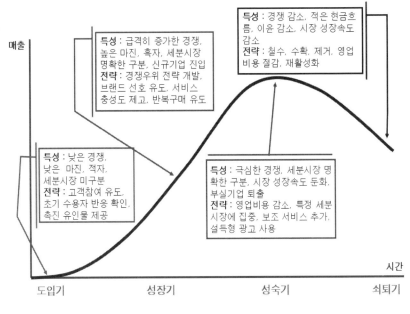

〈제품 수명주기〉

6) 마케팅 믹스

기업이 고객의 가치를 창조하기 위해서는 상품개발, 가격결정, 상품유통 그리고 촉진활동 등 마케팅 요소들에 대한 계획을 수립하고 실행해 나가야 한다. 이러한 가치창조활동을 위한 마케팅 수단을 합쳐서 마케팅 믹스(marketing mix) 또는 마케팅전략요인(marketing strategy factors)이라고 한다.

7) 마케팅관리 과정

마케팅환경과 소비자를 분석한 결과를 토대로 표적고객(target market) 선정과 제품 포지셔닝(positioning)으로 구성되는 마케팅 전략을 수립하고, 마케팅 믹스에 관한 계획을 만들어 이를 수행하고 통제하는 일련의 과정을 말한다. 즉 마케팅 관리과정은 마케팅 정보를 분석하여 이에 근거한

마케팅 계획을 수립하고 이를 수행한 뒤 계획에 비추어 통제하는 일련의
과정을 의미한다. 이 과정은 마케팅 믹스로 구체화되어 표적고객에게 전
달된다.

3. 관광마케팅의 정의

관광산업은 호텔산업, 외식산업과 더불어 빠르게 성장하고 있다. 사람
과 서비스가 핵심이 되는 'people business'이며 동시에 'service business'의
모든 것을 포함하고 있는 광범위한 산업이다.

1) 크리펜도르프(Krippendorf)의 정의

관광마케팅을 "세분시장의 욕구를 최대한 만족시키고 적절한 이윤을
얻기 위하여 사기업, 지방, 지역, 국가와 국제적 수준에 따라 기업정책을
체계적, 조작적으로 수행하는 것"이라고 하였다.

2) 모리슨(Morrison)의 정의

관광마케팅이란 "관광기업 경영자들이 기업의 목표달성과 소비자의 필
요 및 욕구를 만족시키기 위해 사업계획을 수립, 조사, 실행, 통제, 평가하
는 일"이라고 하였다.

3) 세계관광기구(UNWTO)의 정의

관광마케팅을 "최대한의 편익을 얻으려는 관광조직의 목적에 부합하기
위하여 관광수요의 측면에서 시장조사, 예측, 선택을 통하여 자사의 관광
상품이 시장에서 가장 좋은 위치를 차지하도록 노력하려는 경영철학"이
라고 정의하였다.

4) 국제관광전문가협회(AIEST)의 정의

관광마케팅이란 "세분시장 고객의 욕구와 시장변동에 따른 제품정책을 체계적, 조정적으로 수행하는 것"이라고 정의하였다.

5) 와합(Wahab)의 정의

관광마케팅이란 "국내관광전문가와 관광사업체들이 관광잠재시장과 그 욕구를 파악, 확인하고 관광자와 커뮤니케이션을 유지하는 관리과정"이라고 정의하였다.

6) 관광학 사전

관광마케팅이란 "관광조직이 관광객의 관광행동 실현에 필요한 요구를 만족시킴과 함께 사업목적을 달성하기 위한 거래를 실현하는 과정"이라고 하였다.

이와 같이 관광마케팅은 단순한 관광상품의 판매촉진이 아니라 개인이나 조직이 관광객의 필요와 욕구를 파악하여 제품이나 서비스, 가치를 창출하고 관광시장에서의 교환을 통하여 관광객의 민족과 관광기업의 성장과 이윤증대라는 목적을 달성하는 과정이라고 할 수 있다.

4. 관광마케팅의 특성

1) 무형성(Intangibility)

일반적인 제품은 형태가 존재하므로 직접 체험하고 평가해 볼 수 있지만, 서비스는 형태가 존재하지 않으므로 그것이 어떠한 것인지 알기 위해서는 오직 경험을 통해서만 확인이 가능하다.

서비스의 무형성은 두 가지 의미를 갖는다.

① 실체를 보거나 만질 수 없다는 객관적인 의미이다.

② 보거나 만질 수 없기 때문에 그 서비스가 어떤 것인가를 상상하기 어렵다는 주관적 의미이다.

이러한 특성으로 인해 서비스 상품은 진열하기 곤란하며, 그에 대한 커뮤니케이션도 어렵다. 이와 같은 문제점을 해결하기 위해 마케터는 실체적인 단서를 강조하고, 구전(word of mouth)커뮤니케이션을 자극하며, 강력한 이미지를 창출해야 한다.

무형적인 특성 때문에 생기는 불확실성을 줄이기 위해, 구매자는 그 서비스에 대한 정보와 확신을 제공하는 유형의 증거를 찾으려고 노력한다. 레스토랑을 찾는 고객은 그 시설의 외부모습, 청결상태 그리고 종사원의 용모 등 유형의 요소를 통해 서비스를 미리 평가하게 된다. 결국 관광업에서 판매되는 상품은 '무형의 경험'이라고 할 수 있다.

2) 비분리성(Inseparability)

서비스는 생산과 소비가 동시에 일어난다. 즉 서비스가 서비스 제공자에 의해 생산되며 동시에 고객에 의해 소비되는 성격을 가진다.

제품의 경우 생산과 소비가 분리되어 생산한 후 판매되고 나중에 소비되지만, 서비스의 경우 생산과 소비가 동시에 발생하기 때문에 고객이 서비스 생산과정에 참여하는 경우가 많다. 따라서 고객과 종업원 간에 상호작용이 발생한다. 다른 고객도 주문과정에 참여하므로 이들이 형성하는 분위기가 서비스 내용이 될 수 있다. 또한 고객들이 주문에 참여하기 때문에 집중화된 대량생산체제를 구축하기 어렵다. 따라서 서비스 기업은 다른 고객의 불만족원인이 되지 않도록 고객을 관리하기도 한다. 또 다른 비분리성의 특징은 고객과 직원이 서비스 제공시스템을 잘 이해하고 있어야 한다. 그러므로 종업원은 고객에 대한 서비스 내용에 대하여 사전에 충분한 교육을 받아야 한다.

3) 이질성(Variability)

일반적인 제품은 표준화되어 소비자에게 유통되지만 서비스는 전달하는 종업원에 따라서 제공되는 서비스의 내용이나 질이 달라진다. 또 같은 직원이라도 시간이나 고객에 따라 다른 서비스를 제공할 수 있다. 특히 고품격 서비스는 종업원의 수준에 따라서도 서비스의 차이를 나타낸다. 그것은 고객과의 소통 부족 및 고객 개인의 기대수준 차이 또한 이질성을 만드는 원인이 되기도 한다. 이처럼 고객에게 제공하는 모든 서비스마다 각각 이질적인 특성을 갖는다.

서비스의 이질성은 기업에게 문제와 기회를 동시에 제공한다. 서비스 품질의 균일화가 어렵기 때문에 기업으로서는 어떻게 서비스를 일정수준 이상으로 유지하는가, 또는 표준화시키는가가 큰 문제점이다. 반면에 서비스의 이질성은 고객에 따른 개별화의 기회, 즉 고객별로 차별적인 서비스를 제공할 수 있는 기회를 제공한다(이유재, 2015).

4) 소멸성(Perishability)

서비스는 일반 제품과 달리 저장할 수 없으며, 구매와 동시에 즉시 소비되이 소멸되는 특성이 있다. 그날그날 판매하지 못한 호텔객실과 항공좌석은 재고와 저장이 불가능하기 때문에 바로 소멸되어 버린다. 또한 고객이 많을 경우에는 일시적으로 추가적인 생산이 어렵기 때문에 기회의 손실이 발생하기도 한다.

이에 따라 관광기업은 성수기(high demand season, on season)와 비수기(low demand season, off season)에 따른 수요와 공급의 적절한 관리가 기업 성공의 우선과제가 된다. 성수기에는 상품공급이 절대적으로 부족하고, 비수기에는 수요가 급격히 줄어들어 수지(income and outgo)의 불균형이 초래된다. 이러한 성수기와 비수기는 계절의 특성에 따라 존재하기도 하지만 수요의 변동, 요일, 하루 중의 시간대 등에 따라 달라지기도 한다(임형택, 2014).

5. 관광마케팅 시스템

숙박업, 여행업, 항공업, 관광지 등 관광산업은 매우 다양하고 광범위하다. 호텔이나 여행사는 고객의 욕구와 필요에 맞는 서비스, 가격, 유통, 촉진활동을 할 필요가 있으며 이를 위해서는 체계적 마케팅 접근방법, 즉 마케팅시스템이 필요하다.

관광마케팅 시스템을 이해하기 위해서는 관광마케팅 시스템의 특성을 알아야 한다. 그 주요 특징은 다음과 같다(신우성, 2009).

1) 개방성

관광마케팅 시스템은 개방적 시스템으로 역동적이며 계속적인 변화를 겪고 있다. 기계적, 전기적인 폐쇄 시스템과는 달리 그리 엄격하지 않다. 외부적 환경의 변화는 관광시스템에 영향을 미치고, 그에 따라 마케팅 관리자는 사업방법을 변화시킨다. 예를 들면 Drive Through 식당은 편리성과 시간절약을 추구하는 고객들이 증가함에 따라 발전하게 되었다.

2) 복잡성

관광산업은 매우 다양하고 광범위하다. 숙박업은 지방의 소규모 호텔에서 수천 개의 객실을 보유한 대규모 호텔에 이르기까지 그 범위가 매우 넓고, 여행업의 경우 American Express와 Thomas Cook과 같은 세계적인 브랜드뿐만 아니라 3~4명의 직원을 가진 지방의 소규모 여행사도 있다. 항공업은 대한항공, 아시아나 항공과 같은 항공사에서부터 소수의 인원으로 운영되는 정기항로 항공사도 있고, 관광지의 경우 일 년에 몇백 명이 참관하는 소규모 박물관뿐만 아니라 디즈니월드, 에버랜드, 롯데월드와 같은 테마파크도 있다. 따라서 호텔이나 여행사는 고객의 욕구와 필요에 맞는 서비스, 가격, 유통, 촉진활동을 할 필요가 있다.

3) 반응성

시장은 계속해서 변화하며 관광산업은 그러한 변화에 반응하지 않으면 생존할 수 없다. 모든 시스템은 피드백(feedback) 메커니즘을 가져야 한다. 관광산업에서 정체한다는 것은 치명적이다. 정보는 고객의 욕구를 파악하고 경쟁적 활동의 변화에 대한 의사결정을 하기 위해 수집되어야 한다.

4) 경쟁성

관광산업은 타 산업에 비해 경쟁이 상당히 심한 산업이다. 새로운 업체들이 관광업계에 대거 진출하고 있으며, 경쟁력과 집중은 대기업이 관련 기업들을 합병, 인수함에 따라 늘어나고 있다. 또한 소규모 기업들은 경쟁적 위치를 향상시키기 위해 그들 나름대로 협력하여 컨소시엄, 리퍼럴 그룹과 마케팅 조합을 형성하기도 한다.

5) 상호의존성

숙박, 식당, 교통, 여행사, 관광지, 관광도매업자, 소매업 등 다양한 상호의존적, 상호관련적 업체와 정부 관광기구, 컨벤션, 방문객 그리고 마케팅 단체 등 여러 조직들이 관광산업의 한 부분이다. 많은 사람들이 관광산업을 근시안적으로 바라보고 있는데 더 넓은 시야로 바라보아야 한다. 상호의존성은 각개 조직수준에서 존재한다. 많은 업체 혹은 국가들조차도 상호의존적이고 각개의 노력을 합한 것보다 더 큰 결과를 얻기 위해 서로 공조하고 보완을 하고 있다.

6) 갈등과 부조화

관광산업과 각 조직에는 많은 갈등과 긴장상황이 있다. 예를 들면 호텔과 리조트가 종종 수수료를 지체하여 지불함으로써 대리점과 숙박업체 사이의 긴장의 원인이 되기도 하고, 숙박업체나 여행업체가 서로 예약이나 약속을 지키지 못함으로써 갈등을 일으키는 경우도 있다.

이러한 관광기업의 불완전한 세계는 각개 조직체에 연장되어 건강치 못한 내부적 경쟁과 충돌, 의사소통문제 등을 일으켜서 시스템의 기능을 저해하는 요인이 되기도 한다.

6. 관광마케팅의 믹스요인(8P's)

일반적인 마케팅 믹스요소 4P's(상품, 가격, 유통, 촉진)와 관광마케팅과 관련된 요소 4P's(종업원, 패키징, 프로그램, 파트너십)를 결합한 8P's를 확장된 관광마케팅 믹스요인이라고 한다(우경식, 2005).

1) 관광상품(Product)

관광시장에서 관광객의 욕구를 유발시키고 충족시켜 줄 모든 유형의 제품 및 무형의 서비스를 의미한다. 예를 들면 여행상품, 호텔상품 등을 뜻하는데 구체적으로 관광기업이 제공하는 재화, 서비스, 정보를 관광객에게 판매하는 것을 말한다. 상품은 고객의 욕구를 충족시키고 기업의 목적을 달성시켜 주는 현실적 수단이라는 점에서 마케팅 믹스 중 가장 기본적인 요소라고 할 수 있다.

〈일반제품과 무형서비스의 일반적 특성〉

구분	유형제품	무형서비스
상품성격	만들어진다.	이행된다.
생산과 소비 분리	소비자들에게 공개되지 않는 상황에서 생산된다(분리성).	생산장소에서 이행되며 주로 소비자의 참여를 요구한다. (비분리성)
상품이동	소비자들이 구매하는 곳으로 상품이 배달된다.	서비스가 제공되는 곳으로 소비자들이 이행한다.

권리이전	구매함으로써 소유권이 바뀌고, 자신의 편익에 따라 사용할 권리가 있게 된다.	구매하면 기존에 약속된 장소와 시간에 접근할 수 있는 일시적 권리가 이전된다.
상품형태	판매 당시 유형을 갖고 있고 구매 전에 확인할 수 있다.	판매 당시 형태는 없다. 실질적으로 사전에 확인할 수는 없다.
상품보관	미래를 위해 상품의 재고를 쌓아둘 수 있다.	바로 소멸된다. 경우에 따라 재고가 있을 수 있지만 쌓아둘 수는 없다.

2) 가격(Price)

상품에 부과된 금액으로 상품개발, 생산, 유통, 촉진 등 제반비용은 물론 기업이 목표로 하는 일정액의 이익도 포함되어 있다. 가격은 마케팅 믹스 중 기업의 직접적인 수익을 창출하는 원천이 되지만 관광가격은 성수기와 비수기에 따라 큰 차이가 난다.

3) 유통(Place)

생산된 상품을 소비까지 연결시켜 주는 활동으로서 소비자들이 원하는 시간에 원하는 장소에서 상품구매를 쉽게 할 수 있도록 시간과 공간적 장소를 제공하는 것을 의미한다. 관광유통은 성격상 물리적인 제품의 이동이 아니라 각종 정보의 연결과 이동이 중심이 된다.

4) 촉진(Promotion)

각종 매스미디어를 전략적으로 활용하여 소비자들에게 상품을 지속적으로 알리고 호의적인 태도를 갖게 하여 궁극적으로는 구매행동을 유발시키는 커뮤니케이션 활동이다. 구체적인 방법으로는 광고, 판매촉진, 인적 판매, 홍보 등이 있다. 기업은 조직의 목표를 달성하기 위해 고객욕구를 충족시키는 상품을 만들고, 적절한 가격 및 유통경로를 선택하여 소비자에게 알리는 촉진활동을 통해 마케팅 목표를 달성하고자 한다.

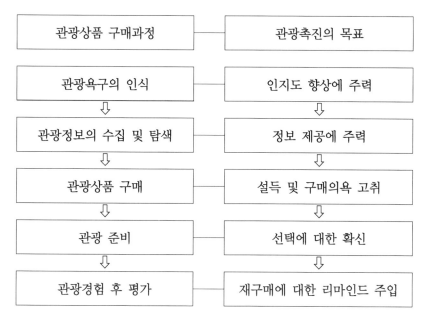

관광상품 구매과정	관광촉진의 목표
관광욕구의 인식	인지도 향상에 주력
관광정보의 수집 및 탐색	정보 제공에 주력
관광상품 구매	설득 및 구매의욕 고취
관광 준비	선택에 대한 확신
관광경험 후 평가	재구매에 대한 리마인드 주입

〈관광상품 구매과정에 따른 관광촉진의 목표〉

5) 패키징(Packaging)

관광상품은 상호 보완적인 상품들로 구성되어 복합성을 띠고 있다. 관광상품은 이동을 위한 항공기, 숙박을 위한 호텔 그리고 관광목적지 이용시설 등으로 구성되어 있는데 이들 요소들은 독립적으로 판매되는 것보다 묶어서 판매되는 것이 상품의 가치와 매력성이 높다. 많은 관광객들은 관광상품을 낱개로 구입하기보다는 일괄 구매하기를 원한다. 낱개로 구입하면 시간과 비용이 훨씬 많이 들기 때문이다. 그래서 관광마케터는 여러 가지 구성상품들을 하나로 묶어 단일가격으로 판매하는 관광패키지의 기획력이 필요하다.

6) 프로그래밍(Programming)

관광목적지에서의 관광활동은 패키지에 포함되어 있는 기본적인 관광코스와 시설 사용 이외에 특별활동, 이벤트, 옵션투어 등이 상황에 따라 전개될 수 있는 특성을 가지고 이다. 이러한 전개과정이 관광 프로그래밍이다. 관광마케터는 관광일정을 프로그램화하여 관광객이 주어진 시간에 유익한 경험을 할 수 있도록 만들어야 한다.

7) 파트너십(Partnership)

기업 내부 또는 외부와의 협동적인 노력이 파트너십이다. 일반적으로 관광산업은 어느 한 기업이 모든 분야를 소유하여 운영하고 있지는 않다. 따라서 관광공급시설과 중개업체 및 운송업체가 좋은 관계를 유지하는 것이다. 관광상품은 상호보완적이므로 관련기업들은 전략적 제휴 또는 제휴마케팅을 통해 상호 간의 공동 목적을 달성하려는 특성을 가지고 있다. 예를 들면 항공사들은 좌석 및 마일리지 공유 등을 통해 비용절감과 함께 공동 마케팅의 효과를 거둘 수 있다.

8) 관광종사원(People)

고객을 직접 응대하는 접객종업원은 관광산업에서 제품의 일부분이면서 관광마케팅에서 중요한 역할을 하고 있다. 직원모집, 선발, 교육, 훈련 및 동기부여 등과 같은 역할은 매우 중요하다. 마케터들은 누구를 고용하는지와 목표에 맞는 고객이 누구인지를 고려하여 접객종업원들을 적절히 배치해야 하며, 또한 관광은 서비스 산업으로 인적 의존도가 높으므로 관광소비자는 관광경험 과정에서 관광종사원과 많은 접촉을 하게 되는데 이때 제공되는 인적 서비스 품질은 고객만족에 큰 영향을 미친다. 따라서 관광마케터는 관광종사원의 인적 서비스 품질을 제고하는 노력이 필요하다.

이상과 같이 관광마케팅은 일반 제조업의 마케팅과는 다르므로 관광마 케터는 관광지, 숙박시설, 여행사, 교통사업 등 다양한 업종의 관광기업들 이 제공하는 서비스 또는 상품에 대한 전반을 이해할 수 있어야 한다.

〈일반마케팅과 관광마케팅의 비교〉

마케팅 믹스	일반마케팅	관광마케팅
상품	유형의 물품	무형의 서비스 상품
가격	비탄력적	탄력적(성수기와 비수기의 차이가 크다)
유통	생산 → 유통 → 소비	생산과 소비의 동시 발생
촉진	• 이성적 호소 • 이성+감성적 호소	• 특징과 편익 강조 • 이미지 유형화 강조
패키징	불필요	패키징 판매 중요
프로그래밍	불필요	자주 사용하여 고객만족 유도
파트너십	불필요	필요에 따라 적절한 제휴 필요
종사원	인적 서비스	인적 서비스 품질 중요

관광이란, 일상생활권을 벗어나 견문, 위락, 휴양, 상용, 친지방문, 종교, 치 료 등의 여행목적이 뚜렷해야 하고, 여행지에 체재하면서 그 기간 동안에는 숙박, 음식, 교통, 관람, 체험, 쇼핑 등의 소비를 하고, 다시 거주지로 돌아오 는 현상이다.

관광마케팅이란, 단순한 관광상품의 판매촉진이 아니라 개인이나 조직이 관 광자의 필요와 욕구를 파악하여 제품이나 서비스, 가치를 창출하고 관광시 장에서의 교환을 통하여 관광자의 만족과 관광기업의 성장 및 이윤증대라 는 목적을 달성하는 과정이다.

제 **12** 장

디지털 시대의 여가

제1절 | 디지털 사회의 특징과 여가
제2절 | 여가의 순기능과 역기능

제12장 디지털 시대의 여가

제1절 | 디지털 사회의 특징과 여가

과학과 통신의 발전은 역사상 가장 혁신적인 변화를 인류에게 가져다 주었으며, 디지털 사회로의 모습을 보여주고 있다(박세혁, 2010).

현대와 미래 사회의 변화에 가장 큰 영향을 미친 메가트렌드 요인으로 과학과 정보통신의 발달을 꼽을 수 있으며 이 중에서도 스마트폰(smart phone)은 급변하는 정보화시대를 선도하며 완벽한 디지털 사회를 나타내고 있다.

지식정보사회의 사회적 특징은 무엇보다도 사회의 광범위하고 근본적인 전통구조의 파괴와 변화라 할 수 있으며, 여가행태 역시 산업시대와 다른 양상을 보이는데 이는 다음과 같다.

첫째, 여가선택의 기회를 넓혀줄 수 있다. 즉 여가를 가상공간에서 즐기는 행위자에게 시간과 공간을 초월하여 다양하면서도 유연하게 여가를 즐길 수 있도록 도움을 준다.

둘째, 가상공간은 행위자의 익명성을 보장해 주기 때문에 가상공간의 행위자는 익명성 속에서 사회적 편견으로부터 자유로울 수 있다.

셋째, 정보통신기술의 발달로 여가에 대한 정보를 보다 정확·편리·신속하게 접할 수 있게 되었다.

넷째, 온라인과 오프라인의 유기적 활용이 가능해졌다. 다양한 영역 간의 구별선이 붕괴되는 현상(borderless society)이 나타나고, 컴퓨터 기술과 통신기술의 융합으로 이미 온라인 통신과 직장이나 학교의 교육 및 업무 전달방식이 바뀌고 있으며, 여가에 있어서도 온라인과 오프라인이 활발하게 교류되고 있다.

다섯째, 다양한 정보통신을 융합하여 간편하게 활용할 수 있게 되었다. 통신과 방송의 융합 덕분에 TV로 게임이나 컴퓨터를 하고, 컴퓨터로 TV를 보고, TV 프로그램을 쉽게 저장 및 재생하며, 휴대전화로 이러한 모든 일들을 할 수 있게 되었다.

이에 반해, 과학과 통신의 변화 속도가 문제를 일으킬 소지가 있다. 사회가 너무 빠르게 변화하며 경쟁이 심화되어 현대인들은 문화적 괴리, 심리적 갈등 등을 겪게 되는 것이다. 과학과 통신의 발달은 짧은 시간에 많은 정보를 처리할 수 있게 되었지만, 폭발적으로 팽창하는 정보의 홍수 속에서 오히려 시간기근현상이 발생하고 있다. 과학의 발달로 인해 인간의 삶에 긍정적 영향을 끼친 것도 사실이지만, 디지털 정보화 사회가 인간의 여가와 일에 미치는 부정적 영향에 대해서도 따져볼 필요가 있다. 정보와 과학기술의 발달로 인해 인간은 직업을 잃게 되고, 정보수용 및 인식능력의 격차가 벌어지면서 세대 간의 장벽이 더 높아지고, 야외에서 다른 사람들과 직접 접촉하며 교류하는 관계가 줄어들고 있다. 이러한 변화들은 사회의 권력구조와 조직문화에도 파격적인 영향을 미치게 되었다. 즉 정보를 많이 흡수하고 이용하는 능력을 갖춘 젊은 세대가 권력을 갖게 되는 현상을 의미한다. 사회 전반적으로 노인들의 권력이 위축되는 현실도 디지털 시대의 변화를 반영한 현상으로 볼 수 있다.

따라서 기계와 속도에 길들여져 결국에는 피동적이며 비활동적인 삶을 살지 않도록 건강한 여가생활방식(leisure lifestyle)을 만들어야 한다.

제2절 | 여가의 순기능과 역기능

1. 여가의 긍정적 측면

순기능적 측면의 여가에 대해 심리적·신체적·사회적·정서적 혜택으로 나누어 살펴보도록 하겠다.

1) 심리적 혜택

첫째, 자기표현의 기회를 갖는다. 현대인들은 자기표현의 기회를 여가를 통해 부여받기도 한다. 자유를 만끽하며 자신을 표현하는 여가는 일에서 얻지 못하는 상이한 표현 욕구를 충족시켜 줄 것이다.

둘째, 정체성의 생성 및 유지이다. 사람들은 특정한 행위나 사물을 간접적으로 연관시킴으로써 자신의 사회적 정체성(social identity)을 만들거나 유지한다. 개개인의 개성이나 정체성이 모호해지고 희석되어 가는 현대사회에서 여가활동은 개인의 정체성을 나타내는 적절한 수단이 될 수 있다는 것이다.

셋째, 현실탈출을 꾀할 수 있다. 현대인들은 다람쥐 쳇바퀴처럼 돌아가는 기계적이며 냉혹한 경쟁의 현실에서 벗어나고 싶은 충동을 느끼고 여가를 통해 현실에서 잠시나마 벗어날 수 있는 기회를 갖기도 한다.

넷째, 스트레스 해소이다. 현대사회에서 스트레스는 만병의 근원이라 할 수 있다. 인간의 폭력성이나 공격성은 스포츠를 관람하거나 참여함으로써 대리적으로 정화시킬(vicarious catharsis) 수 있을 것이다.

다섯째, 휴식 및 심리적 안정이다. 강요나 책임이 투여되는 업무에서 벗어나 편안하게 마음의 평안을 갖는 시간이 여가시간이다. Godbey(1994)는 일뿐만 아니라 여가에서도 여유로운 마음가짐이 심리적 안정 및 여가경험에 중요한 요인으로 작용함을 제시하였다. 모든 것을 잊고 여가에 몰입할 수 있을 때 진정한 휴식을 취할 수 있게 된다. 모든 일을 잊고 편안한 여유를 갖는 시간이 필요하다.

여섯째, 효능감을 제공한다. 여가는 자기 효능감을 실험하거나 경험할 수 있는 기회를 제공한다. 예컨대, 모험스포츠를 통해 자신의 유능함을 경험하게 되면 자아존중감이 높아지게 되고, 결국 강화된 효능감이 결정적으로 재참여 혹은 재이용 욕구를 자극할 것이다. 어쩔 수 없이 생계유지를 위해 뛰어든 직장에서는 자신의 능력을 발휘하거나 능력을 인정받을 수 없는 사람이라도, 여가를 통해 자신이 좋아하고 잘 할 수 있는 활동을 택하여 자신감과 효능감을 얻을 수도 있다. 여가를 통해 경험하는 자신감이나 효능감은 치료의 효과에도 도움이 된다.

일곱째, 호기심 충족이다. 호기심은 외부의 정보나 자극에 반응하여 인간의 다양한 반응과 탐구행동을 자극하는 심리적 상태라 할 수 있다(박성희·김유경, 2008). 여가를 통해 호기심을 자극하고 충족시키는 것은 심리적 각성과 평안을 가져다주는 주요한 인간행동이다. 가슴 졸이는 번지점프를 하고, 까다로운 퍼즐게임을 즐기며, 노인이 늦은 나이에 컴퓨터를 배우기 시작하고, 역사 유적지를 탐방하고, 세계 각국을 여행하는 이러한 행동들이 여가를 통해 호기심을 충족시키는 인간행동이라 할 수 있다.

여덟째, 자아실현이다. 인간은 일에서뿐만 아니라 여가를 통해서도 자아실현을 이룰 수 있다. 예컨대, 은퇴 후 오지에서 자원봉사활동을 하며 인류에 공헌하는 사람도 있고, 자연과 사투를 벌이며 험산준령의 정상을 향해 힘겨운 발걸음을 내딛는 산악인의 모습에서 자아실현을 추구하는 인간의 아름다운 모습을 읽을 수 있다. 정신지체아를 위한 수영교실에서 자원봉사를 하며 행복한 미소를 짓는 주부의 얼굴에서 또 다른 자아실현의 기쁨을 찾을 수 있을 것이다.

이상에서 제시된 여가의 심리적 혜택 외에도, 여가를 통해 자유감, 동료애, 심미감, 성취감, 만족감 등의 심리적 혜택을 누릴 수 있을 것이다.

2) 신체적 혜택

대근육 활동으로 주로 이루어지는 신체적 활동은 인간의 신체발달 및 유지에 긍정적 영향을 미친다(Mota, Santos, & Ribeiro, 2008; Verhagen & Mechelen, 2010). 걷기와 등산만으로도 당뇨, 간경화, 심혈관질환 등에 좋은 효과가 있다는 연구결과가 보고되었다. 특히, 여가활동의 종목, 운동강도, 운동량 등에 따라 신체적 효과가 크게 달라질 것이다. 예를 들면, 주 3~4회 하는 수영이나 조깅은 주로 심폐기능 발달에 도움을 줄 것이며, 웨이트트레이닝은 근육발달에 영향을 줄 것이다. 신체적 장애나 문제를 스포츠나 운동으로 교정하고 치료하기도 한다. 반면에, 텔레비전을 과도하게 시청하거나 인터넷을 하는 등의 비활동적이며 소극적인 여가는 건강에 부정적 영향을 끼치는 결과를 초래할 것이다. 또한 자신의 능력 이상으로 과도하게 운동을 한다면 오히려 신체에 유해함을 명심해야 한다.

3) 사회적 혜택

특정 여가활동에 심취해 있는 사람들은 함께 즐기는 동호인들과 강한 유대감을 갖게 된다. Laverie(1998)는 에어로빅에 참가하는 성인을 대상으로 실시한 연구에서 참가자들은 단순히 신체적인 건강뿐만 아니라 사회연결망을 갖기 위해 에어로빅 프로그램에 참가한다고 보고하였다. 암벽등반 동호인들은 생사고락을 같이하며 정을 쌓아가고, 애경사에서 서로의 끈끈한 정을 행동으로 보여주는데 이러한 관계가 사회적 연결망(social network)에 의해서 이루어지는 관계이다. 유아들의 사회성이 놀이를 통해 발달한다는 것은 주지의 사실이 된 지 오래다. 이처럼 사람은 놀이 혹은 여가를 통해 사회적 규범과 질서를 배우게 된다. 하지만 어떤 여가는 사회성을 오히려 저해하거나 떨어뜨릴 수도 있다. 혼자만 컴퓨터에 매달려서 놀 줄밖에 모르는 사람은 대인관계를 원만하게 유지하기 어려울 것이다. 협력해야 하는 축구 같은 구기종목과 개인적 능력에 의존하는 사격 같은 개인종목은 사회성 발달에 다른 영향을 미칠 것이다.

4) 정서적 혜택

현대인들은 너무 삭막한 경쟁의 사회에서 살고 있지는 않은지 생각해 볼 필요가 있다. 이러한 삶을 변화시키기 위해서는 진한 감동을 경험하는 여가활동이 필요하다. Hill, Storandt 그리고 Malley(1993)는 주기적으로 운동을 하는 집단과 그렇지 않은 집단을 비교한 연구를 통해, 운동을 주기적으로 하는 사람이 그렇지 않는 사람보다 긍정적인 정서가 높음을 발견하였다.

2. 여가의 부정적 측면

일반적으로 여가는 자기표현, 스트레스 해소, 휴식 및 심리적 안정, 자아실현 등의 심리적 혜택과 신체발달 및 유지라는 신체적 혜택, 그리고 사람과의 관계를 통한 사회적 혜택과 정서적 안정이라는 정서적 혜택을 통한 긍정적 영향을 주게 된다.

그렇다면 여가란 다 좋은 것인가? 여가가 진정 우리네 삶을 행복하게 하는 것인가? 대부분은 '그렇다'라고 말할 것이나, 엄밀히 말하자면 그렇지만은 않은 것이 현실이다. 사실 우리 주변에 여가라는 이름하에 얼마나 많은 일탈적 여가가 이루어지고 있는가? 도박, 마약, 유혈스포츠, 쾌락적 성문화 등의 역기능적 여가 역시 여가의 한 부분인 것이다.

그러나 진정한 여가라 한다면 사회적, 문화적 수용범위 내에서 삶에 긍정적 영향을 주는 것임을 직시해야 할 것이며, 여기에서는 역기능적 측면으로의 여가에 대해 살펴보도록 하겠다.

1) 여가의 상업화

여가를 통해 이윤을 창출하기 위한 비즈니스가 도를 넘고 있다. 여가에서도 부익부 빈익빈 현상이 뚜렷하게 나타나고 있고, 이에 따라 상업적인 여가시설과 프로그램이 여가의 계층화를 부추기고 있다.

2) 여가의 과시화

여가를 통해 자신을 과시하기 위해 과도한 소비를 하기도 한다. 자신의 경제적·신체적·사회적 능력을 과시하기 위해 자신의 경제력 이상의 용품을 구매하거나 서비스를 이용한다.

3) 여가의 스트레스화

많은 사람들은 여가에서조차도 휴식과 심리적 안정을 취하지 못하는 경우가 많다. 여가시간에 과도한 스트레스를 더 경험할 수 있음을 간과해서는 안 된다.

4) 여가의 향락화 및 퇴폐화

향락적이며 퇴폐적인 여가시설이 우리 주변에 깊숙이 뿌리내리고 있다. 퇴폐적인 노래방, 러브호텔, 퇴폐이발소, 퇴폐마사지 등이 여가의 향락화와 퇴폐화를 조장하고 있다. 또한 사이버상의 퇴폐적이고 폭력적인 게임들 또한 퇴폐화와 향락화를 조장한다.

5) 여가의 부정적 현실도피

어떤 사람은 가상현실에 과도하게 빠져 왜곡된 인생관을 갖게 되어 현실의 생활에 적응하지 못하기도 한다. 은둔형 외톨이가 인터넷으로 현실을 도피하는 대표적인 부정적 사례이다. 온라인상에서만 떠돌면서 허상의 사이버관계를 만들어가며, 현실과는 담을 쌓은 채 날로 염세적이며 폭력적으로 변해간다. 알코올이나 마약의 힘을 빌려 현실을 도피하려는 방법 또한 심각한 개인과 사회문제라 하지 않을 수 없을 것이다.

6) 여가의 중독화

특정한 여가활동에 과도하게 빠져들어 삶이 황폐화되는 현상을 여가중독이라 할 수 있다. 자신만의 여가를 위해 과도하게 투자하여, 결국 스스로 정신적 혹은 신체적 황폐를 자초한다.

7) 여가의 환경파괴

자연을 파괴하면서 골프장과 스키장을 만들고 있다. 인간이 여가를 즐기기 위해 자연을 훼손하면, 결국에는 우리에게 부메랑이 되어 환경재앙으로 돌아온다는 사실을 알아야 한다. 자연과 공존한다는 의식에서 환경친화적으로 여가를 즐겨야 자연의 아름다운 환경을 후손들이 건강하게 이용할 수 있게 된다는 사실이다. 현대인들이 자연 파괴적이며 공해를 유발시키는 여가설비 및 시설물들을 과도하게 개발·증축한다면, 머지않은 미래에 인간은 실내에서만 스크린여가와 사이버여가를 즐길 수 있을 것이다. 쓰레기 매립지로만 알려져 온 난지도에 월드컵 경기장을 짓고, 인근에 녹지와 생태공원을 조성하여 친환경 여가스포츠공간을 정착시킨 성공사례를 지속적으로 연구 발전시켜 더 나은 자연친화적 여가문화를 만들어 나가야 할 것이다.

> 디지털 시대의 여가는 다음과 같은 특징이 있다. 첫째, 여가선택의 기회를 넓혀줄 수 있다. 둘째, 가상공간은 행위자의 익명성을 보장해 주기 때문에 가상공간의 행위자는 익명성 속에서 사회적 편견으로부터 자유로울 수 있다. 셋째, 정보통신기술의 발달로 여가에 대한 정보를 보다 정확·편리·신속하게 접할 수 있게 되었다. 넷째, 온라인과 오프라인의 유기적 활용이 가능해졌다. 다섯째, 다양한 정보통신을 융합하여 간편하게 활용할 수 있게 되었다.

> 여가는 순기능과 역기능의 중요성을 가지고 있다. 여가의 순기능으로는 심리적·신체적·사회적·정서적 혜택을 들 수 있으며, 역기능으로는 상업화·과시화·스트레스화·향락화 및 퇴폐화·부정적 현실도피·중독화·환경파괴를 들 수 있다.

참고문헌

박성희, 김유겸(2008). **상황적 호기심이 스포츠 팬의 신규스포츠 관람의 도에 미치는 영향**. 체육과학연구. 19: 49-58.

박세혁(2010). **디지털 시대의 여가 및 레크리에이션**. 서울: 가림출판사.

신우성(2009). **호텔관광마케팅**. 서울: 기문사.

심상신(2005). **야외교육 및 야외활동**. 서울: 대경북스.

심상신, 박선기(2011). **사회체육과 여가**. 서울: 수문당.

안대희, 고종원, 최승국, 안범용, 류기환(2012). **관광자원론**. 서울: 대왕사.

이병렬, 박시범, 서정원(2016). **뉴관광학개론**. 서울: 새로미.

이유재(2015), **서비스마케팅**, 서울: 학현사

이정학(2015). **관광학원론**. 서울: 대왕사.

Brightbill, C. K.(1960). *The challenge of leisure*. NJ: Prentice-Hall.

Butler, G. D.(1980). *Introduction to community recreation*. NY: Prentice-Hall.

de Grazia, S.(1962). *Of time work and leisure*. NT: Twenties Century Fund.

Dumazedier, J.(1960). Current problems of the sociology of leisure. *International Social Science Journal*. *12*: 526.

Ediginton, S. R., & Ediginton, C. R.(1994). *Youth programs; promoting quality services*. IL: Sagamore Publishing.

Fairchild, H.(1944). *Dictionary of sociology*. NY: Philosophical Library.

Fiedler, F. E.(1967). *A theory of leadership effectiveness*. NY: McGraw-Hill.

Godbey, G.(1994). *Leisure in your life: An exploration(4th ed.)*. Pennsylvania: Venture Publishing.

Gray, D., & Greben, S.(1974). Future perspectives. *Parks and Recreation*. *61*: 49.

Hill, R., Storandt, M., & Malley, M.(1993). The impact of long-term exercise training on psychological function in older adults. *Journal of Gerontology. 48(1):* 12-17.

Huizinga, J.(1955). *Homo Ludens.* Boston: Columbia Univ. Press.

Kaplan, M.(1960). *Leisure in America.* NY: John Wiley.

Kelly, J. R.(1982). *Leisure.* NY: Prentice-Hall.

Kraus, R. G.(1975). *Recreation and leisure in modern society.* Santa Monica, CA: Goodyear.

Laverie, D. A.(1998). Motivations for ongoing participation in a fitness activity. *Leisure Sciences. 20:* 277-302.

Meyer, H. D., & Brightbill, C. K.(1966). *Recreation Administration.* NY: Prentice-Hall.

Mota, J., Santos, M. P., & Ribeiro, J. C.(2008). Differences in leisure-time activities according to level of physical activity in adolescents. *Journal of Physical Activity and Health. 5:* 286-293.

Neulinger, J.(1981). *To leisure.* Boston: Allyn and Bacon.

Reddin, W. J.(1967). The 3D management style theory. *Training & Development Journal.*

Stogdill, R. M.(1974). *Handbook of leadership.* NY: Free Press.

Verhagen. E., & Mechelen, W. V.(2010). Health issues as primary reasons for choosing sport for all programs. *Proceedings of the 13th World Sport for All Congress, Finland.* pp. 43-47.

부 록

1 | 레저헌장 전문
2 | 심성개발프로그램

1 | 레저헌장 전문

레저라 함은 인간이 직업적인 일이나 기타의 의무적인 일을 완전히 치르고 난 후에 개개인이 자유롭게 처리할 수 있는 시간이다. 이 시간의 활용은 무엇과도 바꿀 수 없이 귀중한 것이다. 레저와 레크리에이션은 오늘날의 생활양식에 따라 인간이 당면하는 많은 욕구에 대한 보상의 기초를 만들어내는 것이다. 더욱 중요한 것은 신체적 휴양이나 스포츠의 참가와 자연의 향유 등으로 생활을 풍부하게 해주는 가능성을 제공하여 준다.

레저는 자유로운 때이며 그 시간에 인간은 한 사람의 인간으로서 자기의 가치를 높일 수 있다. 레크리에이션은 인간 대 인간, 세계 각 국가 간에 보다 좋은 인간관계를 수립하는 데 있어 중요한 역할을 담당하는 것이다.

제1조 레저에 대한 권리

사람은 모두 레저에 대한 권리를 갖고 있다. 이 권리에 합리적인 노동시간, 정규의 유급휴가, 바람직한 여행조건 및 레저 활동의 유효성을 높이기 위해 시설, 장소, 설비 등을 이용하는 정당한 기회를 부여하는 타당한 사회적 계획이 포함된다.

제2조 개인의 자유

완전한 자유 아래 향유하는 권리는 절대적인 것이다. 개인적인 레저의 추구에 필요한 여러 조건은 레저의 집단향유 조건과 똑같은 정도로 보호되어야 한다.

제3조 레크리에이션 자원 활동의 권리

사람은 모두 공개되어 있는 레크리에이션 시설, 호수, 바다, 숲, 산악 등의 자연지역이나 기타에 있는 동물 및 식물은 보호되고 보유되어야만 한다.

제4조 모든 레크리에이션의 참가의 권리

사람은 모두 연령, 성, 교육 정도에 관계없이 스포츠게임, 야외활동, 여행, 연극, 무용, 회화, 음악, 과학연구나 수예, 공작 등 레저시간에 행하는 모든 형태의 레크리에이션에 참가하고 지도받을 권리를 갖고 있다.

제5조 자치단체 전문가 등의 역할

레저는 자치단체, 도시계획, 전문가, 설계기술, 민간집단 등에서 활용되어야 하지만 강요하는 뜻에서 조직되어서는 안 된다. 개인의 취미나 본인의 책임 아래 레저활동이 선택될 수 있도록 미적 환경 레크리에이션 시설의 계획을 수립해야만 한다.

제6조 레저교육에의 권리

사람은 모두 레저 즐기는 방법을 습득할 기회를 가질 권리가 있다. 가정, 학교, 지역사회에서는 레저를 가장 현명한 방법으로 활용하는 기술을 가르쳐야 한다. 학교교실, 강습회 등을 통해서 아동, 청소년, 성인에게 레저의 기초지식으로서 중요한 기능, 태도, 이해력을 강구하는 기회를 부여해야만 한다.

제7조 레저교육의 추진

레저교육의 책임은 지금 수많은 기관이나 단체에 분담되어 있다. 모든 사람들의 이익을 위해 또 여러 행정단계에서의 자금 및 유효한 원조에 도움이 되게 하기 위해 레저교육은 레저에 관심을 가진 모든 공공민간의 조직이 충분히 협조해서 이루어져야 할 것이며 최종의 목표는 지역사회적인 레저여야 한다는 것이다.

어떤 나라든 간에 개설이 용이하다면 레크리에이션 연구를 목표로 특별한 학교가 설립되어야 할 것이고 이와 같은 학교는 레크리에이션 프로그램을 추진하고 시간의 경우 선택의 자유에 간섭받지 않는 범위 내에서 개인 그룹을 원조하는 지도자의 훈련을 행한다. 이와 같은 서비스야말로 인간의 가장 창조적인 노력의 대가인 것이다.

(1970년 6월 1일, 제네바 국제회의에서 제정)

2 ┃ 심성개발프로그램

1. 인간관계론

인간은 사회적 동물이다.

즉 인간은 상호작용을 통하여 서로 영향을 주고받으면서 성장해 나가는 것이다.

또한 참다운 인간관계란 먼저 자신을 알고 나아가서 상대방을 알아줄 때 형성되는 것이다.

즉 상대방과 이야기하고 싶으면 우선 나 자신의 말을 바르게 정리한 후에 해야 좋은 것이다.

이렇게 '관계 속에서의 인간'의 의미를 재발견해야 하는 것이다.

2. 인간관계훈련의 개념

바람직한 인간관계는 타인에게 관심을 갖고 서로를 이해하는 것이다. 인간관계에 있어서 무관심을 관심으로 바꾸고 서로를 이해하게 하며 훌륭한 인간관계를 유지할 수 있도록 하는 과정을 인간관계훈련이라 할 수 있다.

이 훈련은 감수성 훈련과 행동훈련을 포함하고 있으며 자신이 타인과의 관계 속에서 무한한 가치를 지니고 있음을 스스로 알게 하고 다른 사람의 반응 속에서 자신의 장·단점을 발견할 수 있음에 그 특징이 있다.

즉 '나와 너'를 새롭게 발견할 수 있음은 물론 '우리'라는 공동체를 인식할 수 있는 매우 중요한 교육훈련이라 할 수 있다.

3. 인간관계훈련의 목적

이 훈련의 구체적인 목적은 '자기계발'이라 할 수 있다.

즉 자기와 다른 사람과의 대인관계 상황을 설정하여 자기 자신에 대한 통찰력을 느끼게 하고 타인과의 상호작용의 과정 안에서 올바른 인간성을 체험하게 하며 창조적인 대인관계의 경험을 나누는 기회를 갖도록 하는 것이다.

이러한 경험을 통하여 상대와의 의사소통(Communication) 능력을 갖게 하여 자기 자신을 발견할 수 있는 계기를 맞이하게 된다.

이 훈련을 통해서 얻을 수 있는 것은 첫째, 자기 자신에 대한 올바른 발견이다.

즉 나는 누구인가? 나는 어떤 목적을 갖고 있는 사람인가? 내가 원하는 것은 무엇인가? 나의 능력은 어느 정도인가? 하는 자아의식을 갖게 된다.

둘째, 타인에 대한 올바른 발견을 하게 된다. 즉 타인을 정확히 이해하고 타인을 통해서 나의 발전을 느끼게 하여 자신에 대한 올바른 인식을 할 수 있도록 해준다.

4. 집단역학(Group Dynamics)에 대한 이해

집단역학이란 근본적으로 현대생활에서의 집단의 성격과 역할을 이해하려고 하는 데 관계되는 것이다. 그것은 집단이 어떻게 형성되며, 그 양상과 집단원들과의 상호관계, 상이한 집단조직의 형태들이 어떻게 구성원들의 태도와 작업성과에 영향을 주는가? 집단이 어떻게 사회의 많은 조직들에 영향을 주는가? 상이한 여러 가지 지도방법이 작업과정에 어떠한 영향을 주는가?를 알아내는 것이다.

즉 집단역학이란 집단이 개인에게 혹은 개인이 집단에게 미치는 어떤 영향요인이 있는가를 알아보기 위한 과정이라 할 수 있겠다.

1) 집단의 근본요소

(1) 집단의 응집력

이것은 집단을 붙잡아 매는 힘이라고 설명할 수 있다. 그것은 잠재력의 형태와 힘, 집단목표의 성격, 그리고 집단의 동질성과 같은 많은 요인들의 결과이기 때문에 변화가 심하다.

즉 응집력은 집단의 주목표와 함께 집단의 성격과 비례하는 것을 말한다.

(2) 집단의 사기

이것은 집단에 대하여 긍정적이고 낙관적인 느낌이라 할 수 있으며, 집단의 목적에 의해 강한 영향을 받는다.

(3) 집단의 규범

이것은 집단을 특정지울 수 있는 가치, 전통, 그리고 행동기준 등을 의미한다. 대개의 사람들은 주위 사람들의 견해에 따라 그들 자신의 가치를 결정하게 되며, 일생 동안 계속될 개인의 선호집단으로부터 영향을 받게 된다.

(4) 집단의 구성

대부분의 집단들은 그들의 회원자격을 갖고 서로 다른 기능, 특징, 자부심을 발전시키려는 경향이 있다. 또한 집단 내에서도 크고 작은 소집단이 만들어지는 경우도 있는데 이러한 관계의 형태들과 기대되는 행동 그리고 역할을 보통 집단구성이라 할 수 있다.

(5) 집단의 생산성

이것은 주어진 목표를 향해 공동작업을 하는 집단원들의 전체적인 효능을 말한다. 즉 집단의 생산성은 과업의 성격과 중요성, 자원, 그리고 작업과정이라는 세 가지 요소에 의해 좌우된다고 할 수 있겠다.

2) 집단구성의 필요성

이러한 집단의 근본요소를 바탕으로 올바른 인간관계훈련을 통하여 개인의 발전과 리더십을 개발하기 위해서는 우선적으로 여러 형태의 그룹활동을 통한 기능적 훈련이 필요하게 된다. 따라서 집단구성의 필요성을 몇 가지 제시하면 다음과 같다.

① 상대방을 통해서 자기 자신을 발견할 수 있다.
② 인간성장을 위해서는 공동체 의식의 중요성을 인식해야 한다.
③ 그룹 내에서 구성원 각자의 중요성을 느낄 수 있도록 상대방의 의사를 생각할 수 있는 태도를 배울 수 있다.
④ 다른 구성원들과 공동으로 일하는 데 필요한 구체적 지식을 얻을 수 있다.
⑤ 의사소통에 대한 관심을 갖게 되고 타인의 비판을 수용하게 되며 자신의 감정을 자유롭게 표현하는 요령을 갖게 한다.

5. 인간관계훈련의 실제

1) 구성원들의 유의사항

① 자신의 생각이나 감정을 솔직히 표현하는 자세를 갖는다.
② 선입관을 버려야 한다.
③ 타인의 말과 감정의 표현을 적극적으로 이해하도록 노력한다.
④ 자유로운 분위기에서 자발적으로 말하고 행동한다.
⑤ 서로의 인격을 존중한다.
⑥ 독자적인 창의성을 발휘한다.

2) 인간관계훈련의 지도요령

① 지도자는 훈련 실시요령과 일정을 설명하고 순서를 정한다.

② 구성원들이 서로 볼 수 있도록 둥글게 앉히고 지도자도 동참한다.

③ 구성원 모두 필기도구와 교재를 준비하게 한다.

④ 실시내용의 목적과 요령을 자세히 설명한다.

⑤ 마무리할 시간이 되면 신호를 보내 종료를 알린다.

⑥ 피드백(Feedback: 느낌에 대한 토의)을 할 때 강요하지 말고 자유스러운 분위기를 유도한다.

⑦ 잡담을 금지시키고 진지하게 대화하도록 한다.

⑧ 질문에는 친절하게 답변하고 종합적인 강평을 한다.

6. 심성개발을 위한 Game

> – 인간관계훈련을 위한 게임들로서,
> – 단순히 게임으로만 즐길 수도 있으며,
> – 가급적이면 경험을 서로 이야기해야 한다.
> – 특별한 일정을 짜서 이 중 몇 가지를 골라서 하면 큰 효과를 얻을 수 있다.

1) 자기소개 게임

- 대형: 원형으로 10명씩 앉는다.(Team당 2개조로 편성)
- 방법
  ① 서로 인사하기
  ② 자기소개
    ㉠ 성명
    ㉡ 가문(성장과정 등)
    ㉢ 소속(현재)
    ㉣ 취미(자랑거리)

ⓜ 버릇(단점)

　③ 마무리인사 때는 자신의 나쁜 버릇(단점)을 공개하고 충고를 원
　　　한다.

- Feedback: 리더는 프로그램의 개요를 설명하고 요령을 알려준다.

* 기본요령

　㉠ 자기가 발표할 때는 매우 솔직하게 털어놓아야 한다.

　㉡ Feedback(마무리) 때는 서로 무릎을 맞대고 앉아 느낌을 논해야 한다.

　㉢ 필요 이상의 말은 삼가도록 한다.

- Feeling: 자기 자신을 올바르게 소개한다는 것이 어렵다는 것과, 단점
　에 대한 충고를 받아들일 수 있는 자세를 확립하게 된다.

2) 첫인상 메모 게임

- 대형: 둘러앉은 원형

- 준비: 메모지, 볼펜(사람 수만큼)

- 방법

　① 첫 번째 사람부터 상대방의 앞에 서서 느낀 첫인상을 솔직하게 말
　　　해준 후 계속 다른 사람에게 옮겨가며 첫인상을 말해준다.

　② 전부 끝나면 메모지 상단에 자기 이름을 쓴 뒤 옆으로 돌린다.

　③ 첫 번째 메모지를 받은 사람은 메모지의 이름을 보고 그 사람의
　　　첫인상을 기록해 준 뒤 계속 옆으로 보내 전체가 모두 기록할 때
　　　까지 돌린다.

- Feedback: 마무리

　리더는 전체가 기록한 메모지를 모아 모든 심성개발 Game이 끝날 때
　까지 보관한 다음 "주고 싶은 말"이란 Game에서의 기록과 비교하도
　록 한다.

- 느낌: 참가자끼리 무릎을 맞대고 느낀 점을 이야기할 때 깊은 인간관

계를 맺게 된다.

3) 상대방 소개하기 게임

- 대형: 둘씩 짝을 지어 앉는다.
- 방법
  ① 10분 정도의 시간 안에 서로 이야기를 하게 한다.
  ② 이 이야기는 자기에 관한 여러 가지 것들을 상대방에게 설명하는 것이다.
  　(예: 취미, 특기, 학년, 사는 동네 등 자신에 대해 소개를 한다.)
  ③ 한 사람의 소개가 끝났으면 서로 교대한다.
  ④ 10분 정도의 시간이 지나고 두 사람 상호 간에 소개가 끝났으면 그룹 자체에 자기 파트너를 소개한다.
- Feedback
  ① 메모는 하지 말고 기억하게만 한다.
  ② 전체에 대한 소개가 끝났으면 정확하게 본인의 생각대로 소개가 됐는가를 서로 이야기한다.
- 느낌
  ① 익숙지 못한, 또한 처음 만난 사람의 이야기를 듣고 그 사람을 다른 사람에게 소개한다는 것이 쉬운 일은 아니다.
  ② 상대방의 말을 얼마나 성실하게 듣고 기억하고 있느냐 하는 것과 기억하고 있는 말을 얼마나 잘 전달할 수 있느냐 하는 것에 대한 실습이다.

4) 나의 미래상 게임

- 대형: 글을 쓸 수 있는 자유대형
- 준비: 32절 메모지, 볼펜
- 방법

① 몇 년 후 나는 무엇이 되어 어떻게 하고 있을까?를 메모지에 쓴다.

    ㉠ 5년 후　　㉡ 10년 후　　㉢ 20년 후　　㉣ 30년 후

② 순서대로 자기 것을 낭독한다.

- Feedback: 연두 기자회견처럼 궁금하거나 가능성이 희박한 내용을 듣는다.

  대부분 폭소가 터지며 처음보다는 훨씬 밝고 진전된 분위기가 형성된다.

- 느낌: 장래에 대한 인생의 계획이 명확한 사람은 많지 않다. 자신을 돌아보며 구체적으로 인생을 설계할 수 있는 자세를 갖추려 노력하게 된다.

5) 구명보트 탈출

- 대형: 담요 위에 한 그룹이 모두 올라선다.
- 준비: 담요 1장, 켄트지 4장 연결한 것
- 방법

  ① (눈을 감은 채) 파선된 배 안에서 탈출 구명보트(담요) 위에 모두 올라탄다.

  ② 리더가 "파선이요"라고 외치면, 구명보트가 가라앉거나 뒤집혀서 모두 희생될 것 같다.

  ③ 누구든지 희생되든 남아 있든 자기 자신이 판단하여 행동에 옮긴다.

  ④ 어떤 이는 담요에서 뛰어내리며 "풍덩" 하기도 한다.

  ⑤ 이때 모두 눈을 감았지만 배꼽을 잡지 않을 수 없다. 그러나 심각하다.

- Feedback: (리더) 당신은 왜 남았습니까?

  • 할 일이 많아서

- (리더) 당신은 왜 희생했나요?

• 살 만큼 살았으니까?

  하는 식의 질문과 대답이 계속되며 상호관계를 느끼게 된다.

- 느낌: 자신과 상대의 입장에서 보면 서로를 위할 수 있게 된다.

6) 신원조회(Individuality Reference)

다른 사람에게 비추어진 자신의 모습을 생각해 보며 그들에게 나의 이미지가 어떻게 부각되었는지 스스로 살펴보면서 자신을 객관화할 수 있는 경험을 하게 된다.

이 과정을 통해 인간관계 개선의 방향을 스스로 깨달을 수 있게 된다.

(1) 적용 : 고등학생 및 대학생 그룹의 남녀

(2) 인원 : 10명에서 12명 정도가 한 그룹이 된다.

(3) 효과

　① 타인의 감정을 이해하는 데 도움이 된다.

　② 자기 생활에 대한 반성의 기회를 갖게 된다.

　③ 자신을 객관화하고 자아개념을 정리할 수 있다.

(4) 시간: 약 50분 정도(기록 10분, 기록에 대한 토의 30분, 피드백 10분)

(5) 방법

　① 상황: "내가 일하기를 간절히 바라고 원하던 직장(단체기관)에 이력서를 제출했다. 그곳에서는 신원조회로만 직원을 채용하게 된다. 나의 이력서가 제출되었기 때문에 조만간에 신원조회가 나올 것이다. 얼마 후에 알고 보니 나에 대한 신원조회가 이미 끝났는데 내 주변에 있는 아래의 여섯 사람에게 나의 성격, 근면성, 성실성, 인내력, 그 밖의 사항에 대해 자세히 조사해 갔다는 사실을 알았다. 여섯 사람의 답변은 나에 대해서 숨김없이 느낀 그대로를 소개했다고 한다."

② 이들이 나를 어떻게 소개했을지 자신이 그들의 입장이 돼서 소
   개말을 상상하여 기록해 보고 그렇게 말할 수밖에 없었던 이유
   를 생각해 본다.

③ 기록을 마쳤으면 서로 발표해 보고 느낌을 토의해 보자.

④ 소개자: 최종학교 학년 지도교수(담임선생님)

   최근에 나와 다툼이 있었던 사람

   가장 친한 친구

   부모님(아버지, 어머니)

〈신원조회 양식〉

① 최종학교 학년 지도교수(담임선생님)	
소개말	이 유
② 최근에 나와 다툼이 있었던 사람	
소개말	이 유
③ 가장 친한 친구	
소개말	이 유
④ 부모님(아버지, 어머니)	
소개말	이 유

7) 장점과 단점(Merits and Demerits)

> 인간은 누구나 장점과 단점을 함께 지니고 있다. 좋아하는 사람에게도 단점이 있을 뿐 아니라 싫어하는 사람에게도 장점은 얼마든지 발견할 수 있다. 내가 좋아하는 사람은 나에게 잘 대해준 사람이고 내가 싫어하는 사람은 나에게 잘 못 대했다는 단순한 이유로 좋아하는 사람과 싫어하는 사람이 뚜렷이 구별되는 것을 살펴볼 수 있다. 인간 존재의 가치를 인식하게 되고 편견을 수정할 수 있는 기회가 된다.

(1) 적용: 고등학생 및 대학생 그룹의 남녀

(2) 인원: 10명 정도가 한 그룹이 된다.

(3) 효과

　① 인간관계를 재고하게 된다.

　② 인간관계에 있어서 선입관이 있음을 발견하게 된다.

　③ 누구에게나 장, 단점이 있음을 알게 된다.

　④ 타인에 대한 관찰력이 증진된다.

(4) 시간: 약 60분 정도(회상과 기록 10분, 기록에 대한 토의 40분, 피드백 10분)

(5) 방법

　① 내 주위에서 내가 존경하는 사람과 싫어하는 사람 각각 2명을 생각해 본다.

　② 그들을 회상할 수 있는 충분한 시간을 가진 후 다음과 같은 내용을 각각 적도록 한다.

(6) 주의: 칸을 비워두지 않도록 하며 기록한 후 둘 중에 어느 것을 열거하기가 어려웠는지 토의해 보자. 또 기록된 내용은 발표하지 않고 집에서 혼자 생각해 보는 것도 좋다.

〈장점과 단점(Merits and Demerits)〉

구분 내용	좋아하는 사람 ① ②	싫어하는 사람 ① ②
처음 만난 동기		
좋아(싫어)하게 된 동기		
장 점		
단 점		
예측되는 그의 태도		
그의 나에 대한 태도		
나의 그에 대한 태도		

8) 불이 나면(Fire)

우리는 우리의 생활영역에 있는 모든 물건들이 그 나름대로 가치가 있고 중요하다고 여기지만 그것들이 모두 중요할 수만은 없다.
급박한 가상상황 가운데 우리의 생활가치를 다시 한 번 점검해 보고 이미 가지고 있는 가치관을 토대로 해서 새로운 가치관을 정립해 보자.

(1) 적용: 중, 고등학생 및 대학생 그룹의 남녀

(2) 인원: 10명 정도가 한 그룹이 된다.

(3) 효과

　① 사물에 대한 가치관을 재고하게 한다.

　② 사람은 각자 가치의 차이가 뚜렷함을 알게 된다.

　③ 자기 주위 환경에 대한 흥미와 관심이 증진된다.

④ 가치를 분석하게 되는 분석력이 증진된다.

(4) 시간: 약 60분 정도(생각과 기록 10분, 기록에 대한 설명 40분, 피드백 10분)

(5) 방법

① 만일에 집에 불이 나서 모두 타버리게 되는 경우에 5분 이내에 5가지를 가지고 나올 수 있다면 어떤 것을 가지고 나오겠는가?

② 그 물건을 적어보고 제일 먼저 고른 것부터 순서대로 번호를 적는다.

③ 그 물건이 어떤 가치가 있는지를 적는다.(경제적 가치, 감정적 가치, 영적 가치, 사회적 가치, 직업적 가치)

④ 이것을 선택하게 된 이유를 설명한다.(예: 나는 우표책을 가지고 나올 것이다. 왜냐하면 나는 그 우표책을 볼 때마다 위로를 받으며 그것을 팔게 될 경우에도 상당한 돈을 받을 수 있기 때문이다. 경제적 가치, 감정적 가치)

⑤ 기록한 내용을 보관해 두었다가 1년 혹은 몇 개월 후에 똑같은 방법으로 다른 종이에 써서 이것과 비교하여 보고 가치관에 어떤 변화가 왔는지, 왜 왔는지를 토의하여 보는 것도 좋다.

〈불이 나면(Fire)〉

순 위	물 건	가 치	기 타

9) 죽어 있는 나

> 뭇 사람들로부터 아쉬움을 사는 가운데 세상을 떠난 사람은 사회에 기여한 값진
> 생이었음이 입증되는 것이며 인간관계에서 성공한 경우라고 볼 수 있다.
> 이 과정을 통해 자신의 생활현장을 객관적으로 분석해 볼 수 있고 새로운 인생관
> 을 재정립할 수 있다.
> 자신의 죽음을 상상하면서 우리의 인간관계를 재고해 보자.

(1) 적용: 고등학교, 대학생 그룹의 남녀

(2) 인원: 7명에서 10명 정도가 한 그룹이 된다.

(3) 효과

　① 새로운 인생관을 갖게 된다.

　② 자기반성을 하게 된다.

　③ 인간관계를 재고하게 한다.

(4) 시간: 약 80분 정도(상황설명 10분, 기록에 대한 설명 50분, 피드백 20분)

(5) 방법

　① 지도자는 전체 구성원의 눈을 감게 한다.

　② 자기 자신이 죽기 몇 분 전의 상황에서 죽는 순간까지 상상을
　　 한다(Fantasia: 상상).

　③ 자신의 육체에서 영혼이 빠져나가는 것을 상상시킨다.

　④ 자기 주변의 친구들이 와서 우는 모습과 부모가 나를 붙잡고 우
　　 는 모습도 상상시킨다.

　⑤ 자신의 몸은 전혀 움직이지 않고 굳어 있지만 죽어 있는 '나'는
　　 볼 수 있고, 다른 사람이 말하는 것도 들을 수 있으나 말은 못한다.

　⑥ 나를 좋아하는 사람뿐만 아니라 나를 미워하는 사람, 내가 싫어
　　 하는 사람 등 많은 사람이 나의 죽음을 지켜보고 있다.

　⑦ 그들은 흐느끼면서 차례대로 나에게 뭐라고 말을 한다.

⑧ 그들이 나를 향해서 뭐라고 말하는지 귀를 기울여서 자세히 들어보자(Fantasia).

⑨ 그리고 그 소리를 적어보자.

문상객

---

① 가장 친했던 나의 동성 친구:
② 나를 가장 잘 아는 이성 친구:
③ 내가 가장 싫어하는 주위 인물:
④ 나를 가장 좋아하는 주위 인물:
⑤ 나의 어머니:
⑥ 나의 아버지:
⑦ 그 밖의 나의 가족:
⑧ 내가 가장 신세를 많이 진 사람:
⑨ 내가 가장 많이 도와준 사람:
⑩ 선생님:

---

10) 갈등(Discord)

우리는 급박한 상황을 만났을 때 이기적이 되거나 극도의 물질주의적인 사고가 발생된다. 급박한 상황에 대처해 나가기 위한 생각을 점검해 보고 다른 사람의 생각은 어떤가를 알아보자. 이 과정을 통해 인간 존재의 가치를 분석하고 생에 대한 애착 및 인생관을 검토하게 된다.

---

(1) 적용: 고등학생, 대학생 그룹의 남녀

(2) 인원: 7명에서 8명 정도가 한 그룹이 된다.

(3) 효과

　① 사람들은 각자 관념의 차이가 있음을 발견하게 된다.

　② 인간 존재의 가치를 알게 된다.

　③ 생에의 애착을 확인하게 된다.

④ 분석력, 문제해결 능력을 갖게 된다.

⑤ 인간에 대한 평등의식을 체험하게 된다.

(4) 시간: 약 90분 정도(상황설명 10분, 자기 생각 발표 40분, 피드백 40분)

(5) 방법: 지도자는 그룹 구성원들의 눈을 감게 하고 아래의 (6)과 같은 상황을 충분히 상상할 수 있도록 설명한다.

(6) 상황: 제주도로 여행을 가다가 배가 난파되어 모두 실종됐다. 그러나 나는 구사일생으로 무인도에 도착했다. 도착하고 나서 보니 그 섬에는 나 말고도 다른 4명이 파도에 밀려 그 섬에 도달해 있었다. 그 섬에서 3명밖에 탈 수 없는 뗏목을 하나 발견하고 서로 살려고 발버둥치고 있다.

☞ 이 상황에서 나는 어떻게 할 것인가?

누가 그 뗏목을 탈 것인가?

등장인물(무인도에 남아 있는 사람)

① 5살 난 어린아이가 어머니를 찾으며 울고 있다.

② 70살 넘어 보이는 할머니가 "나는 뗏목을 꼭 타야 한다"며 뗏목을 붙들고 있다.

③ 30살 조금 넘어 보이는 젊은 신부님이 한숨을 쉬고 있다.

④ 20대 후반의 임신한 여자가 배를 안고 있다.

⑤ 그리고 그 모습을 지켜보고 서 있는 내가 있다.

(7) 응용: 이것은 서로 자기의 생각을 발표하도록 하는 것도 좋고 역할극(Role Play)을 만들어서 자기 그룹의 생각을 발표해 보는 것도 좋다.

11) 연설(Speech)

> 이 과정을 통해서 급변한 변화에 대해 대처해 나가는 임기응변의 능력을 시험해 보며 문제 분석력과 추리력 및 상식을 동원하여 논리적 사고의 여부를 경험하게 된다.

(1) 적용: 고등학생 및 대학생 그룹의 남녀
(2) 인원: 10명에서 12명 정도가 한 그룹이 된다.
(3) 효과
　① 상상력과 창조력의 발휘를 경험하게 된다.
　② 타인에게 자신의 의견을 조리 있고 명확하게 전달할 수 있는 능력의 여부를 경험하게 된다.
　③ 급격한 변화에 대처해 나가는 유연성을 경험하게 된다.
　④ 상식에 대한 관심 및 독서 생활의 필요를 절감하게 된다.
　⑤ 경청하는 태도를 기른다.
　⑥ 추리력과 어휘 선택 능력의 여부를 경험하게 된다.
　⑦ 자기 평가와 타인과의 이해의 폭이 넓어진다.
　⑧ 분석력, 문제 해결력의 여부를 경험하게 된다.
(4) 시간: 약 60분 정도(연설 30분, 평가 20분, 피드백 10분)
(5) 방법
　① 사전에 기발한 내용의 연설 제목을 구성원의 숫자보다 약간 많게 미리 쪽지에 낱장으로 각각 적어둔다.
　　(예: 우주공간에 혼자 산다면
　　　　양로원 운영에 대해서
　　　　가출 여고생에 대한 충고
　　　　대학생들의 과격시위에 대해서)

② 연설자(모든 구성원들은 차례대로 연설자가 된다.)

제목이 기록된 쪽지 1장을 선택하게 하여 10초 정도 생각한 후, 제목을 크게 소리내어 읽고 연단으로 올라가서 즉흥적인 연설을 2분간 하도록 하되, 서론, 본론, 결론이 뚜렷한 논리적인 연설을 하도록 한다.

③ 한 사람의 연설이 끝나면 바로 자평을 하고 다른 구성원들이 차례로 평을 한 후 계속 진행한다.

④ 지도자는 약 10초 전에 종료를 알리는 종을 울림으로써 연설을 끝맺도록 한다.

(6) 주의

① 분위기가 산만해지지 않도록 하며 우스운 이야기로 일관하지 않게 사전에 주의를 준다.

② 연설할 때 주의를 기울여 듣는 자세를 갖는다.

③ 시간은 발표자 스스로가 시계를 보고 2분 동안 연설하되 꼭 2분을 채우도록 한다.

④ 주제를 다른 것으로 바꾸기를 희망할 때는 한 번의 기회를 허용하도록 하되, 가능하면 바꾸는 일이 없도록 한다.

저자약력

김성희

세미라이트 대표이사
세종대학교 대학원 체육학박사
세종대학교 체육학과 겸임교수
서강대학교 교육대학원 체육과 외래교수
단국대학교 경영대학원 스포츠마케팅 외래교수

심상신

한국스키교육연구회 회장
한국여가레크리에이션협회 부회장
한국체육학회 상벌위원회 위원장
단국대학교 사범대학 체육교육과 교수
단국대학교 사범대학장
단국대학교 교육대학원장

현대사회의 여가와 레크리에이션

2018년 5월 5일 초 판 1쇄 발행
2022년 1월 20일 개정판 2쇄 발행

지은이 김성희 · 심상신
펴낸이 진욱상
펴낸곳 (주)백산출판사
교 정 박시내
본문디자인 오행복
표지디자인 오정은

등 록 2017년 5월 29일 제406-2017-000058호
주 소 경기도 파주시 회동길 370(백산빌딩 3층)
전 화 02-914-1621(代)
팩 스 031-955-9911
이메일 edit@ibaeksan.kr
홈페이지 www.ibaeksan.kr

ISBN 979-11-6567-134-1 93690
값 15,000원